丸橋充拓
Mitsuhiro Maruhashi

江南の発展

南宋まで

シリーズ　中国の歴史②

Eurus

Notus

Boreas

岩波新書
1805

いま、中国史をみつめなおすために――シリーズ 中国の歴史のねらい

中国は近くて遠い国である。

かつて筆者たちが物心ついたころ、中国に渡航できなかったし、そこで何が起こっているのかも、よくわからなかった。一衣帯水というほど、近距離にある。それなのに、何もみえないもどかしさがあった。

半世紀たった今は、どうだろう。渡航はほとんど自由、おびただしい人々が行き来している。一衣帯水はほんとうに近い。関係も深まった。善かれ悪しかれ、とても重要な国である。

それでも、現在のわれわれに中国・中国人が見えているであろうか。表面をいくら注視しても、その内実はあいかわらず謎である。近くなったはずの中国は、まだまだ遠い。

その謎に近づく一法は、歴史を繙くにある。人を知るにも、まず履歴書をみるはずだ。目前の中国もやはり同じ、過去の履歴にこそ、その核心にアプローチできる足がかりが隠れている。

もっとも、中国の歴史といえば、これまでいくたりの大家が書いてきた。そこには、共通する一定のパターンがある。いわば時代輪切りの編成で、時系列にそってわかりやすい。

しかし中国は巨大である。ヨーロッパよりも広く人も多い。ヨーロッパは十数カ国、国ごとに別の歴史を書く。つまりは多元多様なので、それに応じた歴史でなくてはならない。

かたや中国はどうか。多国籍でないにせよ、劣らず多元的なはずだが、従前の中国史はそこをとらえきれなかった。「中国」という自明の枠組みを時代ごとにみるだけだったからである。かつての王朝交代史観と大差ないし、特定のイデオロギーと親和しかねない。グローバル化の現代にふさわしい、多様な中国の顔と姿に迫れる中国史の叙述が必要であろう。

そこで本シリーズは多元性をモチーフに、次頁のイメージで五巻構成にした。1巻は東アジアの文明が黎明を迎え、多元性が顕在化する過程を描き、2巻は開発がすすみ、経済文化の中心として台頭する南方の歴史を述べる。3巻は外から絶えず影響を及ぼし、ついに中国と一体となる草原世界を論じる。4巻は海の比重が増し、南北にくわえ海陸の多元化が強まる時代を叙述し、5巻はこれをうけ、そうした多元性から出発して、現代中国につながる歴史をみる。

シリーズを通じて、遠くて多様な中国の履歴書が一望できたなら、望外の喜びである。

執筆者一同

本シリーズの構成

年	草原	中原	江南	海域
	①	春秋		②
		中原諸侯	楚・呉・越	
		戦国		
前220	匈奴	秦漢の一統(400年)		
後200	③ 鮮卑→	魏晋→	呉・蜀	卑弥呼
400	突厥(テュルク)	五胡→北魏(タブガチ)	六朝	倭の五王
650		唐(タブガチ)の一統(50年)		遣唐使
750	ウイグル	唐(長安・洛陽)	唐(揚一益二)	新羅商人
900	契丹(キタイ)	沙陀→五代↓北宋→	南唐・蜀 呉越・閩・南漢	ムスリム商人
				市舶司交易
1100	女真(ジュルチン)→金		南宋	
1200	モンゴル→			
1300		大元ウルスの一統(90年)		
1400	モンゴル 女真(ジュシェン)↓マンジュ→	明(北京)	明(南京)	倭寇
				④
			南明	鄭氏台湾
1680		清朝の一統(200年)		
1800				西洋 日本
1912	モンゴル	北洋軍閥		
1930	「満洲国」		南京国民政府	⑤
1950	モンゴル	中華人民共和国		香港・台湾 日本・欧米

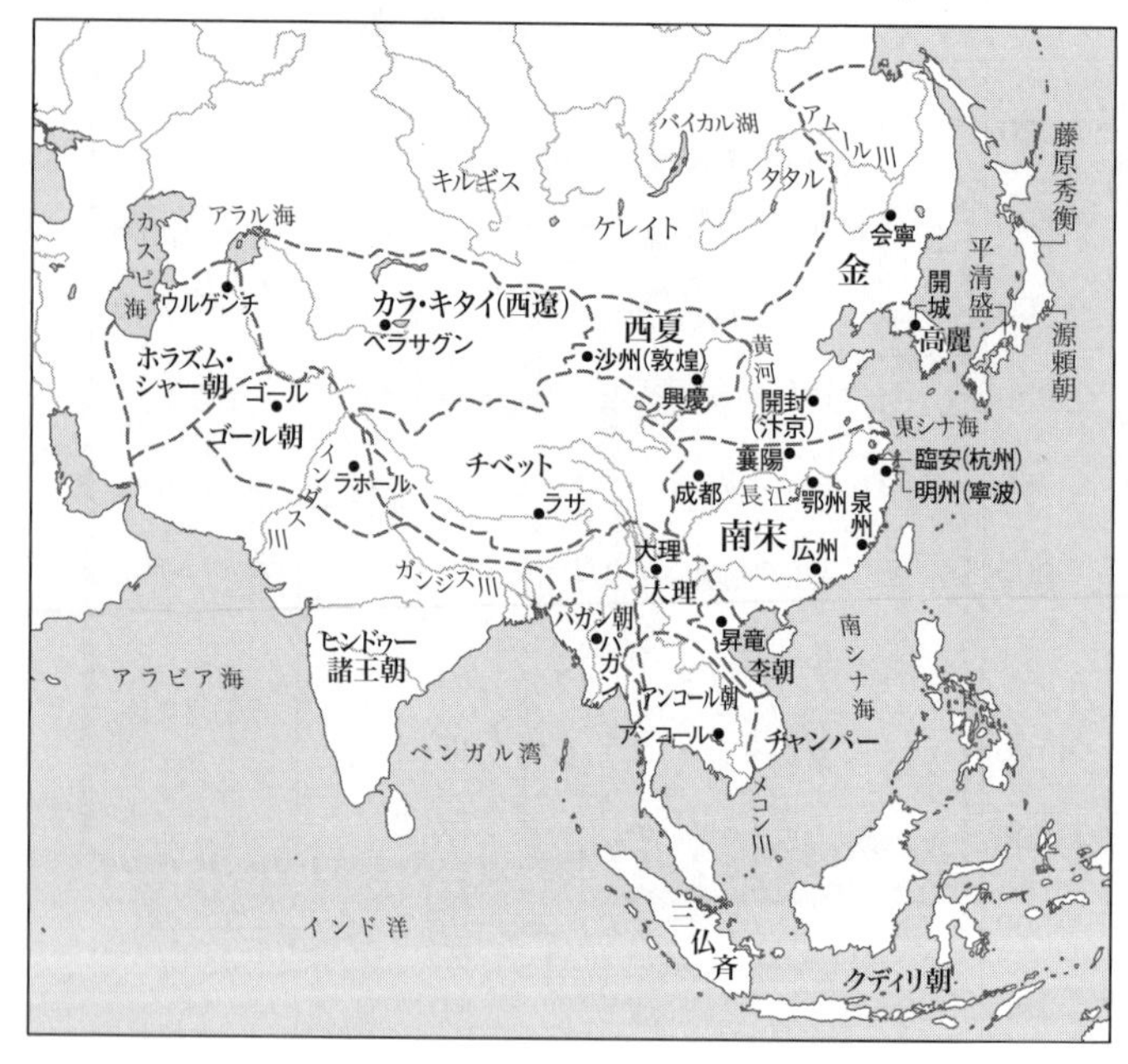

12 世紀後期のユーラシア東方

はじめに

「船の世界」と「馬の世界」

中国は広い。一国にしてヨーロッパ全体に匹敵する。そして、この広大な空間に暮らす人びとの生活形態は、「南船北馬(なんせんほくば)」という言葉が示すように実に多様である。

それは単に、長江流域を中心とする「南」は船を使った水上交通、黄河流域を中心とする「北」は馬を用いた陸上交通、というような輸送手段の違いだけを述べたものではない。気候(湿潤／乾燥)、生業(漁労と水田農業／牧畜と畑作農業)、自然観(自然との調和／自然との対峙)、食事(魚介や野菜を多用する淡泊な料理／肉類や油を多用する濃厚な料理)などなど、違いは環境や生活全般にまで及ぶ。

そして実際の歴史上においても両地域はしばしば分裂し、別の政権が生まれた。特によく知られているのが、五〜六世紀の南北朝時代と一二〜一三世紀の金・宋時代であろう。最近は、後者を含む一〇〜一三世紀を「第二次南北朝時代」と呼ぶこともある。

ところがこの「南北朝」という語が、少々くせ者である。そこには、中華帝国（秦漢から清末まで、中国において形成された政治体制を、一般的にこう称する）という一個の政治体が「〇・五ずつに二分されたイレギュラーな状態」であり、やがては一・〇のまったき統一王朝に戻るべきもの、という「中華史観」が強く滲んでいるからである。

この発想は、「船の世界」と「馬の世界」を「中国という狭い空間の一部」に限定してしまうことになりかねない（さっき「中国は広い」と言ったばかりなのに恐縮ながら）。

でも、少し見方を変えればすぐ気づくだろう。「船の世界」は、実際には中国の南半分にとどまらず、周辺海域から東南アジア、インド洋にまで一続きにつながっている。一方、「馬の世界」も中国の北半分だけでなく、内陸アジアからロシア・東ヨーロッパのあたりまで及ぶ。

視野をこれくらい大きく広げたうえで、中国を眺めなおしてみるとどうだろう。中国が「東南アジア（海域世界）の北部」と「内陸アジア（草原世界）の東部」が出会う場所、のように見えてこないだろうか。

日本人は、中国をつい同じ「東アジア世界の仲間」と考えてしまう（歴史の教科書がそういう構成なので致し方ない）。それ自体まちがいではないのだが、それだけだと中国の四分の一くらいしか見えてこない。中国でニュース番組を視ると、中東関係の報道がけっこう多いことに驚かされるのだが、それを意外に感じてしまうこと自体、自分自身も中国の「西向こう」が見えていなかった証拠なのだと思い知らされる。

「海洋進出」や「一帯一路」のような二〇一〇年代のキーワードを理解するうえでも、「海域世界の一部としての中国」、そして「草原世界の一部としての中国」という見方が、実は欠かせないのである。

本書は、岩波新書「シリーズ 中国の歴史」の第二巻である。

第一巻では中国の黄河流域、「中原」と呼ばれる地域で「古典国制」が育まれていくプロセスが述べられた。「古典国制」は中華帝国の骨格となる諸制度を包括的に表現する語で、前漢(前二〇二~後八)末期から後漢(後二五~二二〇)初期にかけて完成され、その後も長く模範とされた。そしてこの国制は、「中原」の南と北で興った世界、つまりは「船の世界」と「馬の世界」にもやがて広まり、摩擦や衝突、妥協や融合など、さまざまな歴史的展開を生み出していく。

こうした動きのうち「船の世界」で起きたことを眺めていくのが、本巻の役割である(巻頭「本シリーズの構成」参照)。そして本巻につづく第三巻が、「馬の世界」のできごとを紹介してくれる手はずになっている。

第一巻でも述べられたように、本シリーズ全体を貫く共通の主題は「中国はいかにして中国になったか」である。

中国は最初から今と同じスケール、今と同じ構成の「中国」だったわけではない。「船の世界」や「馬の世界」とぶつかり合い、混じり合いながら変化してきた。その複雑な過程が徐々に整理され、最初の大統合を迎えるのが一三〜一四世紀、モンゴル帝国の時代だった。だから第二巻と第三巻はそれぞれ、「大元の一統」と呼ばれるこの時代までをカバーしている。

本シリーズは、王朝交替の切れ目で巻を分け、時代順に歴史を語る「断代史(だんだいし)」型の編集形式を採用していない。特にこの第二巻は、前半は第一巻と、後半は第三巻と時間を共有しているため、最初は戸惑う読者も少なくあるまい。

一般になじみの薄いこうした構成をわたしたちが採用したのは、それが、中原の「古典国制」が周辺世界ともつれ合い、からみ合いながら、現在の中国にたどり着くまでの過程、言葉を換えれば「「中国」生成のダイナミズム」をたどるのに魅力的な構成であり、ぜひ挑戦してみようとの判断で本シリーズの執筆者一同が一致したためである。

もちろん未体験の試みゆえ、未熟でちぐはぐな部分も多いだろう。読者各位の批判をいただき、議論の呼び水になれば、これ以上の幸いはない。

「民の世界」と「官の世界」

「古典国制」が拡大し、周囲との間に摩擦を生む。それは何も、「船の世界」や「馬の世界」のような異文化世界との間だけで起こることではない。「古典国制」は水平方向だけでなく、垂直方向にも広がっていく。つまり政権中枢から発せられる国制は、同じ地域空間に住む下々の人たちにも影響を及ぼさずにはおかないのである。そこで本巻は、「古典国制」を受け止める第二の存在として、民衆ないし基層社会のありようにも注目してみたい。

中国の民は、日本に比べて非固定的、流動的である。原則としては、すべての民が戸籍に登録され、税を負担する「編戸」となることを求められるものの、現実には「農・工・商」のような職業身分が世襲的に継承されるわけではなく、家ごとの事情により居処を移したり、さまざまな生業に従事したりすることが頻繁に起こる。アウトロー化し、「浮浪」「游民」などと呼ばれた人たちの存在感も非常に大きい。「古典国制」に取り込まれるか、逃げ切るかのグレーゾーンに生きるそうした人たちの生態も、非常に興味をそそられるテーマである。

さらに「古典国制」の広がりを垂直方向の視点で見る場合、国家および民衆にくわえて、第三のアクターにも登場を願う必要がある。「官僚」あるいは「士大夫」と呼ばれる人たちである（本書では、官僚、および官僚をめざして学問を修める知識人層を指す通時代的な総称として「士大夫」の語を用いる）。

洋の東西を問わず、国家と民衆の間には、両者を仲立ちする「中間層」がいる。日本や西欧の場合、「領主」と呼ばれる勢力が中間層のポジションを長く占めてきた。これに対し、中国でその地位にいたのは「官僚」だった。領主と官僚はどこが違うのか、という具体的な話は本論で後述するとして、ひとまず官僚の担う政治体制にはどんな特徴があったのかについて、日本が誇る二〇世紀の東洋史学者、宮崎市定（一九〇一～一九九五）の説明に耳を傾けてみよう。

官僚が中間層を占める中華帝国の国制は、しばしば「独裁君主体制」とか「専制国家」、「一君万民」などと呼ばれるが、宮崎はそうした体制のありようについてこう述べる。

> 中国近世の独裁君主体制の理念は、君主と人民との間に特権階級が割りこむことを否定する。独裁君主の立場からすれば人民を支配するものは君主一人でなければならない。ただ人民の数が多いのに対し、君主は只一人であるから、人民を治めるためには官僚の手を借りなければならぬ。但し官僚は君主から見て単なる手伝い人夫であるべく、官僚がブロックを形成して君主と人民の間に介在して特権階級化してはならぬ。天子と人民との間には長い距離がおかれるが、それは単に天子の尊厳を意味するだけであり、途中で何等妨害を受けることなしに一直線に意志が疎通しなければならぬものである。故に官僚は最も伝導力に富んだ電線であるべくして、自らが発電したり電力を消費したりしてはならぬものなのである。
>
> （「雍正硃批諭旨解題」）

末尾に出てくる「官僚＝電線」とは、文章家としても知られる宮崎が残した数ある名比喩のなかでも、傑作中の傑作だろう。支配の主体Subjectが君主、客体Objectが人民であるとすれば、官僚は両者を結ぶ媒体Mediumでしかない。電流の伝導という機能性が全てであり、主体性を自ら帯びることはタブーとされるのである。日本や西欧の「領主」が、所領内においては小君主となり、主体性を発揮するのとは決定的に異なる。

このような官僚の理想モデルとして、しばしば紹介されるのが、北宋の名臣、范仲淹(九八九~一〇五二)である。文官政治の典型とされる宋代において、とりわけ名臣中の名臣とされた人物で、その著作は後世まで読み継がれた。なかでもよく知られているのが、湖南省岳陽市の岳陽楼に残されている「岳陽楼記」の次の一節である。

廟堂の高きに居りては則ちその民を憂え、江湖の遠きに処りては則ちその君を憂う。これ進むもまた憂え、退くもまた憂うるなり。然らば則ち何れの時にして楽しまんや。それ必ず曰わん。天下の憂いに先んじて憂え、天下の楽しみに後れて楽しむ、と。

(いにしえの仁者は)中央政府で官僚勤めをしているときには民衆のことを心配するし、官を辞し地域で暮らしているときには君主のことを心配する。朝にあろうが、野にあろうが、心配ばかりしているのだ。ならばいつ楽しむのか? きっと「心配は人びとよりも先回り、楽しみは人びとよりも後回し」と言うだろう。

とりわけ有名なのが最後の二句で、「先憂後楽」という四字熟語にもなっている。東京や岡山の後楽園は、それぞれ水戸徳川家、岡山池田家が、この一節を踏まえて名づけたものだ。が、ここで注目してもらいたいのは、むしろ冒頭の二句である。第一句の「廟堂」とは中央政府の役所のこと。これと対となっている第二句の「江湖」とは民間社会のこと。後者は、現代日本でもときおり用いられる熟語である。

つまり冒頭二句は、「仕官しているときでも、隠退しているときでも、天子と万民のことばかり気にかけている」という意味になる。己れを無にし、君民間の「媒体」に徹する理想的官僚像が過不足なく表現されている。名臣范仲淹の面目躍如である。

しかし官僚とて人の子。「電線」としての機能を果たすのみで満ち足りることができるのは范仲淹のような「変わり種」だけであり、物欲も権勢欲もたっぷりと抱え、陰に陽に私利を図る官僚の方が実は多数派なのである。

このような二面性、あるいはジレンマを抱えつつ、君と民の間を仲立ちしつづけた官僚・士大夫の姿にも、本巻は着目していきたい。

「国づくりの論理」と「人つなぎの論理」

君主の側からトップダウンで下りてくる「古典国制」は、「一君万民」という語にも表れているように、全ての人びとが皇帝とだけ君臣関係を結ぶよう求める。皇帝と民衆の間に領主が割り込み、皇帝の関知しない君臣関係が領主と民との間に生じることはもちろん認めない。だが事はそれでは終わらない。一君万民の論理は民どうし、あるいは官僚どうしが横方向につながりを持つことも許さないのである。

国家が垂直的・一元的な君臣関係を社会の末端まで貫き、横つながりを断ち切ろうとする。それが中華帝国の「国づくりの論理」であった。

では民衆はこれをどう受け止めるのか。表立った抵抗はもちろんしない。「国づくりの論理」を受け入れつつ、それとは別に、いざというとき頼りにできる仲間との間に横つながりの連携を暗黙裡に広げるのである。

編戸であれば、地域の有力者を核に「郷党」と呼ばれるグループを組織する。さまざまな目的ごとに、有志を募って任意団体をつくることも多い。アウトローたちであれば、仲間内のボスを中心に任侠集団を結成する。民だけではない。「国づくりの論理」のお手本となるべき官僚や士大夫たちも「朋党」と呼ばれる派閥をつくり、厳しい政争のなかで生き残りを図っていた。

社会の各層に広く見られるこうした互恵関係は、「友達の友達はみな友達」式に個人間の人間関係を数珠つなぎにたどる、あるいは力のあるボスの子分となり「保護と奉仕」の契りを交わす(一般的に保護・被保護、あるいはパトロン・クライアントと呼ばれる関係)等のプロセスを経て

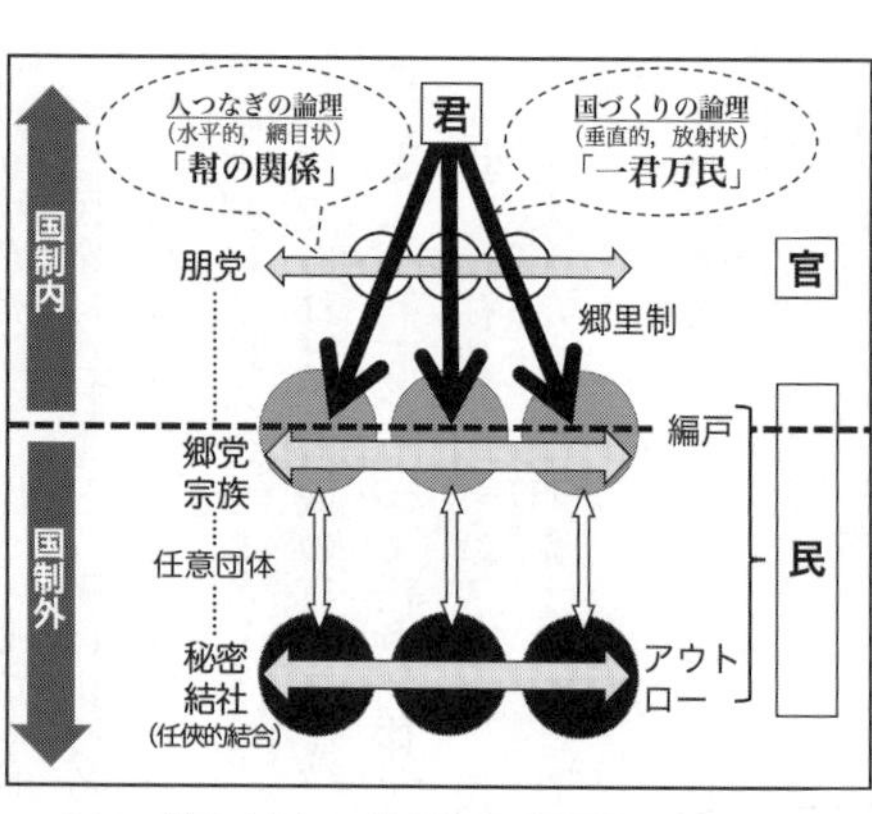

図1　「国づくりの論理」と「人つなぎの論理」（概念図）

結成されることが多かった。このような、国制の埒外（らちがい）において結ばれる個人間の関係は、古代から近現代に至るまで広く観察することができる。

本巻では、時代を超えた同質性を持つこうした「人つなぎの論理」全般を「幇（ほう）の関係」と仮称し、本論のなかで使っていくことにしたい。

「幇」とは動詞で使えば「幇助する」「助ける」の意味になる（中国語の「幇助」には、日本語のように「悪事を助ける」の意味はなく、中立的な言い回しである）。また名詞としては、個人的なつながりで結成した任意団体という意味となる。地域ごとに結成された商人団体（寧波幇（ニンポーバン）など）や、特定の目的で成立した秘密結社（青幇（チンバン）・紅幇（ホンバン）など）のグループ名として、特に明清以降に頻出するようになる語で、現代中国語でも普通に用いられる。

中国社会の推移は、この「国づくりの論理＝一君万民体制」と「人つなぎの論理＝幇の関係」のせめぎ合い（図1）という観点から眺めると、いろいろなことが見えてくる。このあとの

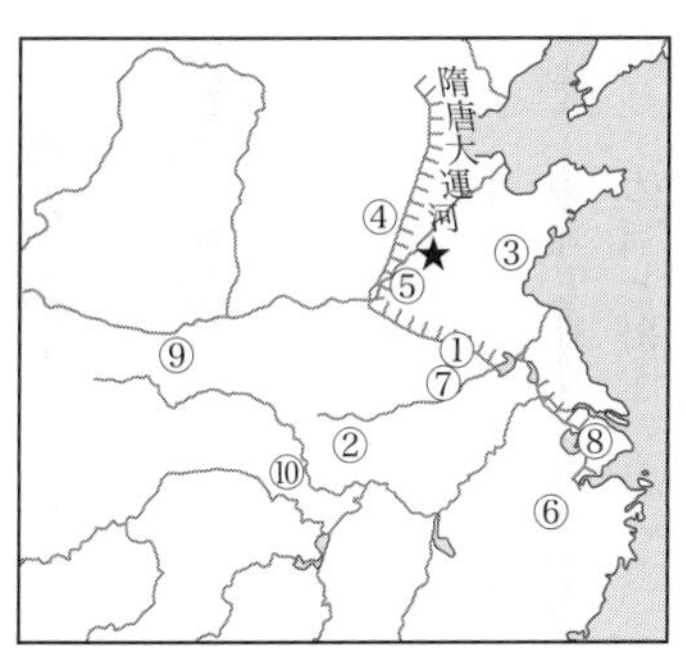

①陳勝・呉広の乱(前209)
②緑林の乱(後17–25)
③赤眉の乱(18–27)
④黄巾の乱(184)
⑤黄巣等の乱(874–884)
⑥方臘の乱(1120)
⑦紅巾の乱(1351–1366)
⑧織傭の変(1601)・開読の変(1626)
⑨李自成等の乱(1627–1645)
⑩嘉慶白蓮教の乱(1796–1804)
★梁山泊

図2　主な民衆反乱の発生地(前3世紀〜19世紀)

第一章以下、両者の関係を頭の片隅に入れて読み進めていただければ幸いである。

以上のように、本巻は、「古典国制」が水平方向に波及した先の「船の世界」の姿を主旋律に、垂直方向に波及した先の「民の世界」「官の世界」の姿を副旋律に、歴史の流れをたどっていくことになる。

この二つの旋律について、ここまでは行きがかり上、それぞれ別個に説明してきたが、歴史的現実としては、両者は重なり合う部分が実は多い。わかりやすい例として、「主な民衆反乱の発生地」を地図上に落として眺めてみよう(図2)。

まず多くの反乱が、東方や南方の地域から起きていることは、すぐに見て取れるだろう。「古典国制」を掲げ、一君万民を貫こうとする国家機構は、西方もしくは北方に拠点を構えていることが多い。一君万民のターゲットとなる側の民衆のなかでも、東方もしくは南方の人びとに大きな負担やしわ寄せがかけられていた様子が、この分布からは透けて見えるだろう。

反対に、東方や南方から出発した勢力が中国を統一するケースは非常に少ない。稀少な事例のうち、項羽の楚（徐州）や孫文・蔣介石の中華民国（南京）は短命に終わった。明（南京）は三代永楽帝のとき北京に首都機能を遷した。長命だったのは後漢だが、その揺籃の地、南陽郡（河南省南部と湖北省北部）は南方といっても中原文化圏といってよい地域である。

さらに図2では、民衆反乱が大運河や長江の流域という水運の動脈上、すなわち「船の世界」で数多く起きていることにも注目したい。このような流通上の要地には、故郷からこぼれ出て、根無し草になったアウトローたちがたくさん雇われていた。つまり、東方や南方は「一君万民体制と相性の悪い人びと」の溜まり場になりやすかったのである。

なお、「船の世界」と「古典国制」との地理的な関係を、東—西軸あるいは南—北軸、いずれで見る方がよいかは、時代によって異なる。第一章以下でも、そのときどきにふさわしい軸を選んで記述していくが、どちらにしても質的な違いはないので、東西か南北かにはあまり拘泥せず読み進めてもらえれば幸いである。

若者の学びのために

本シリーズは新書判であるから「大学一年生に読んでもらえるものを」という意図も込めて

企画されている。私自身、地方大学に二〇年奉職してきたなかで、学生の変化についてはいろいろ感じるところはあるが、ここでは彼ら・彼女らの読書傾向という面から、若者の学びについて少し考えてみたい。

学生たちの間で、昔から『三国志』は安定した人気を保っているようにみえる。「同志が団結して目標に向かう」というモチーフは、若者にとっては個人の成長ストーリーとして楽しめるようであり、また社会人になれば組織の興亡ドラマとして再読されていくのであろう。

一方、『水滸伝』の人気は影を潜めているようである。同じようなエピソードがとりとめもなく反復され、『三国志』のような右肩上がりの主題に乏しい全体構造の問題もさることながら、登場人物たちが繰り返し見せる無頼さ・野卑さが、現代日本人の肌に合わなくなってきていることも一因のように感じる。

『三国志』は、「体制が掲げる理念」にすっきりと同調できた者たちのサクセスストーリーである(特に中盤まで)。したがって本書で言うところの「国づくりの論理」とは、おそらく相性が良い。低成長の時代に入って明確な将来設計を描きにくくなった今日、この種のストーリーが受けるのは、迷いなく身を捧げることのできる(帰依できる?)指導者なりビジョンなりへの渇望感が高まっているからなのだろうか。

他方『水滸伝』は、「体制が掲げる理念」に違和感を覚え、悩む者、はみ出す者、抗う者などの、多様な反応を生々しく描く。依りどころをなくしたアウトローたちが取り結ぶ「人つなぎの論理」が、熱く濃く全体を貫く。しかもその行動は、破天荒かつ無軌道きわまりない。現代人の物差しでは「測定不能」とされてしまいそうなエピソードに溢れている。

そして、アウトローたちのアジト「梁山泊」は、まさしく中国の東方、「船の世界」のただなかに浮かんでいる〔図2参照〕。本巻の描く「船の世界」および「民の世界」「官の世界」には、おそらく『水滸伝』と同じような境遇に置かれ、同じような運命に弄ばれる人びとの抵抗や苦闘ばかりが並ぶに違いない。

悩みや迷い、葛藤のなかに自らが置かれることに対し、端で見ていてびっくりするほど恐怖心を抱いているようにみえる当節の学生に、こうした内容を持つ本巻は、果たして面白いと思ってもらえるだろうか。

ともあれ、雲をつかむような目標を掲げても仕方がない。まずは勤務校の学生たちの顔を思い浮かべ、彼ら・彼女らに響く一書となるよう、心して本書を綴っていこう。

目次

第一章　「古典国制」の外縁——漢以前

鴻門宴景区(陝西省西安市)

一　長江流域の諸文化

稲作の始まり

中国がまだ「中国」でなかったころ、そこには複数の文化が分布しており、それらのなかから農耕が生まれ、都市文明が生まれ、そして初期国家が生まれた。

こうした過程の基本的な見取り図は、第一巻において述べられているので参照していただくとして、ここでは本巻の主題と深く関わる長江流域の諸文化について、農耕の始まる新石器時代から説き起こしていきたい。

長江、特にその中下流域は亜熱帯モンスーン気候に属し、乾燥した黄河流域とは環境がずいぶん異なる。黄河が「暴れ川」で大規模な治水を要したのと対照的に、長江は無数の支流や湖沼が調整弁の役割を果たしてくれるため、今日に至るまで非常に安定した河川である。

そこには「黄河文明」とは性格を異にする特徴的な諸文化が生まれた。これらは「長江文明」と一括りにされることもあるが、この呼称は「長江流域全体をカバーする統一的な文明が存在していた」との誤解を招きやすい。しかし実際には、複数の文化圏が並存していた。たとえば中国考古学の大家である厳文明（一九三二〜）が提起した新石器時代の八文化区では、長江流域に対して上流域の巴蜀区、中流域の両湖区、下流域の江浙区が割り当てられている。

黄河と長江、それぞれの流域で農耕が始まったのは、新石器時代、地質年代でいえば更新世から完新世への移行期である。約一万年前、長江流域ではイネ、黄河流域ではアワとキビという異なる作物が、それぞれ独自に栽培化されたのである（図3）。

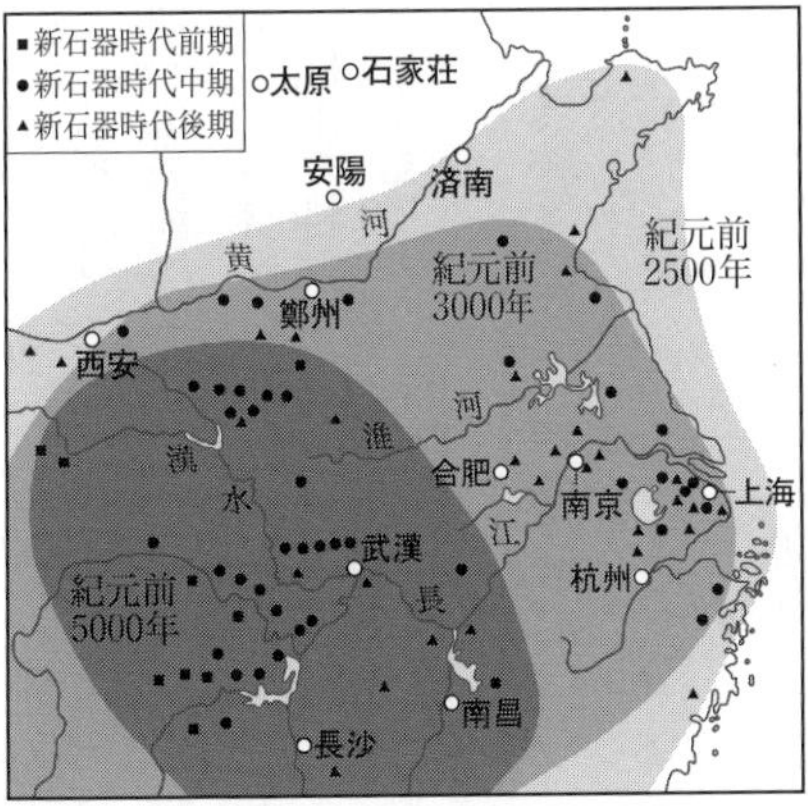

図3　稲作の伝播

稲作の始まる時期については諸説ある。有力な遺跡は、彭頭山遺跡（湖南省澧県）であり、紀元前七〇〇〇年に栽培イネが定着していたことが報告されている。さらに早いものとしては、江西省万年県の仙人洞遺跡・吊桶環遺跡があり、後者の一万二〇〇〇〜一万一〇〇〇年前の層からは野生イネが、一万〜九〇〇〇年前の層から栽培イネが発見されたという。また玉蟾岩遺跡（湖南省道県）において、一万三〇〇〇年前の層から発見された炭化米は、野生イネと栽培イネの過渡期に位置づけうるとされる。

稲作の範囲は北へも広がった。河南省舞陽県の賈湖遺跡（前六八〇〇〜前五七〇〇）で発見された栽培イネは、粟作地帯である河南にまで稲作が拡大していたことを物語る。大規模な用水管理や労働編成を要する一方、土壌を比較的選ばず、連作ができ、播種量に対する収穫量も多いなどのイネの長所が、作付け地域の拡大につながったのである。

稲作の起源はかつてアッサム地方（インド北東部）が有力とされていたが、上記のような考古学的発見により、今日では長江中下流域に求めることが通説となっている。

社会階層の分化と都市の形成

前五〇〇〇年紀から四〇〇〇年紀にかけ、地球が温暖化を迎えると、稲作は順調に拡大し、人口も増えていった。

ただし稲作は手間がかかる。拓殖、水利、備蓄、そして播種・育苗から収穫に至るまでの膨大な日常作業。豊作祈願や雨乞いも欠かせない。相当のインフラとマンパワーが要る。そこで、①労働力の動員や編成、②超越的自然界と人間界との仲立ち、という二つの務めを担う役割として、首長制が芽生えはじめる。生産力が増して余剰が生まれたことで、首長のような非生産階層を養うことが可能になったのである。

首長という政治的中心が誕生し、余剰が集積されて財産となると、これらは守られるべきものとなり、外敵からこれらをシャットアウトする囲壁や環濠が聚落に巡らされる。このような「社会階層の分化」と「都市の形成」の波が、長江流域に訪れるのである。

この時期、長江中流域では大渓文化、下流域では太湖周辺の馬家浜文化、杭州湾周辺の河姆渡文化が生まれた。これらの遺跡からは、稲籾が大量に出土しており、灌漑施設もみられる。

つづく前四〇〇〇年紀末～前三〇〇〇年紀に太湖周辺で現れた良渚文化には、大規模な祭壇や墳丘墓が見つかっており、社会階層の分化がさらにはっきり見て取れる。石製の犂などの農具類も発達した。良渚で製造された精巧な玉器は江西から広東北部にかけて広く分布しており、東南部の諸文化を緩やかに統合する盟主的存在が生まれていたことを示している。

長江中流域では屈家嶺文化(前三〇〇〇年紀前半)、石家河文化(同後半)が生まれた。この地域の囲壁聚落は、早い例では彭頭山文化後期の澧県八十壋遺跡や、大渓文化の城頭山遺跡でも見つかっているが、屈家嶺文化期には本格的な囲壁を持つ聚落が出現する。つづく石家河文化期になると、石家河遺跡に多数の聚落が従属する関係が現れてくる(聚落間の階層化)。こののち初期国家が誕生して一般的となる、都市国家連合の芽生えである。

前三〇〇〇年紀後半、これら諸文化に転機が訪れる。良渚、石家河、宝墩、さらには華北の龍山等の諸文化が次々に崩壊、衰退するのである。確かな原因はまだ不明である。ただ、太湖周辺で良渚文化に代わって起こった馬橋文化は、良渚とのつながりが薄く、農耕もむしろ後退しているとされ、そこに大きな歴史的断層が横たわっていることがうかがえる。

そして重要なのは、この断絶のあと中原に二里頭（にりとう）文化が登場することである。第一巻でも述べられたように、夏王朝説が有力視される文化に他ならない。

この期間には石製武器、祭祀施設や首長層墳丘墓の大規模化、囲壁聚落の増加、聚落間連合の広がり等の現象が見られる。ここに王権や初期国家の誕生という重要な歴史的転換が見出される所以である。こののち中原文化は、かつてない規模で長江流域に影響を及ぼすようになる。本巻の主題、黄河流域と長江流域の南北関係史も、いよいよ本格的に幕を開けるのである。

中原王朝との接触

二里頭文化（前二〇五〇頃～前一六〇〇頃）は、従属する諸聚落に威信財として青銅器や玉器を下賜し、そのネットワークを通じて連合を維持した。二里頭文化の器物は、長江流域各地はもちろん、華南やベトナム北部からも発見されている。

こうした関係は、二里頭文化につづく中原王朝、すなわち殷（前一六〇〇頃～前一〇五〇頃）や周にも引き継がれる。威信財の下賜とは逆方向に、南方諸国からもたらされたタカラガイ（子安貝）が二里頭遺跡や殷の墓から大量に見つかっており、貢献制の萌芽が見られた（第一巻第一章）。文物のやりとりに留まらず、殷が南方に勢力を実際に伸ばしていたことも、長江中流域の盤龍城遺跡などから確認されている。

西周時代(前一〇五〇頃〜前八世紀前半)には、歴代王が東方・南方の諸勢力と戦争した記録が、金文史料(青銅器の銘文など)に数多く残されている。交戦相手は後に大国となる楚、あるいは「東夷」「南夷」「淮夷」と漠然と呼ばれる勢力など、さまざまである。

二里頭文化から殷周にかけての時期、長江流域の諸文化は中原文化の影響ないし圧力にさらされた。ただし、それをもって「夏殷周＝中国統一王朝」という図式で理解するのは早計である。日本の高校生ですら「殷・周・秦・漢……」と、四苦八苦しながら歴代王朝を暗記するくらいだから、相当に広く深く人びとの思考に食い込んだ歴史観であるが、それは実際には秦漢以降に定まった王朝交替史観の産物である。

二里頭文化や殷周の勢力圏は中原を大きく越えるものではなく、その周辺には独自性を備えた文化圏がなお多く存在した。たとえば山東には岳石文化(前二〇〇〇年紀)が、四川には独特な青銅仮面で知られる三星堆文化(前二〇〇〇頃〜前八〇〇頃)が花開いた(図4)。東南方面では、印文陶と呼ばれる土器が長江流域から広東・広西まで広く分布している。

この時期の中原文化は、並立する諸文化を緩やかに統合する存在としてとらえておきたい。

図4　三星堆文化の金面人頭像

問鼎軽重（鼎の軽重を問う）

前八世紀の前半、西周は犬戎と呼ばれる異民族の攻撃に遭って、幽王が落命。東方の洛邑（洛陽）に平王が立って東周時代が始まる。しかし東周に諸国を率いる力はなく、諸国が覇権を争う春秋・戦国時代に突入する。

春秋時代（前八〜前五世紀）までは周王の権威が一応尊重された。諸国の力関係のなかで、そのつど軍事的覇権を握った者が諸侯会議のリーダー、すなわち覇者として王を補佐し、外敵（夷狄）の脅威に備えて諸国連合を結成・更新するという国際秩序が成立したためである（この秩序理念は、後世「尊王攘夷」と表現されることとなる）。「諸国連合の内部＝中国」「諸国連合の外部＝夷狄」という観念上の区分けを現実に当てはめた場合、「中国」とされたのは晋などの中原諸国である。他方、南方の諸国、つまり楚、呉、越などはグレーゾーンに位置する。中原諸国からは夷狄視され、自らも中原と一線を画する文化圏にいることを認める一方、漢字文化を受け入れて国制の軸に据え、諸国連合に割って入ってあわよくば主導権を握ろうという姿勢を見せる場合もあるからである（図5）。

そうした姿勢を早い時期から見せていたのが、長江中流域を中心に栄えた楚である。

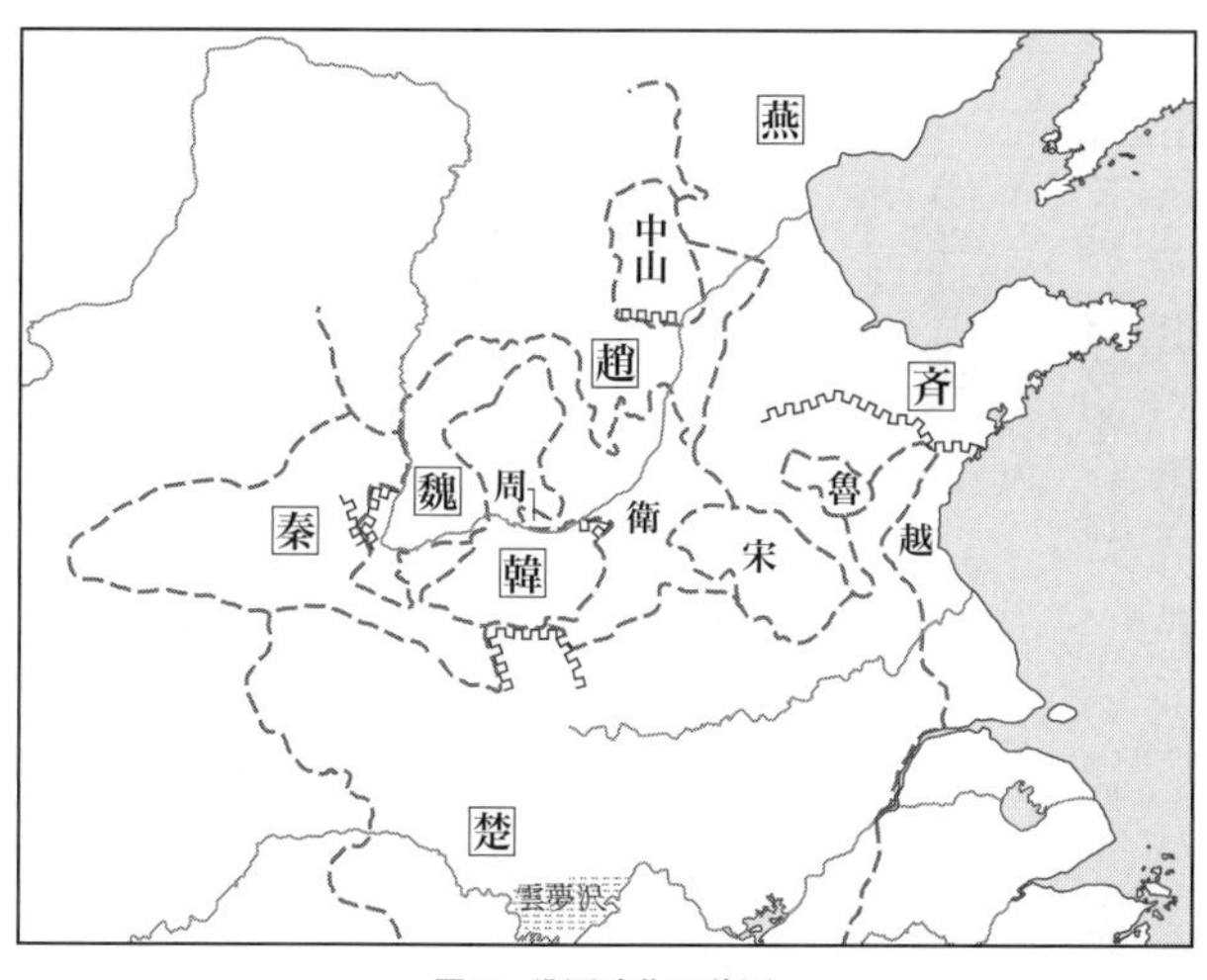

図5　戦国時代の諸国

楚の北進は前八世紀末より始まり、前七世紀半ばには王を自称して、周中心の諸国連合に対する独自性を打ち出し始める。北方諸国において、斉の桓公、宋の襄公、晋の文公らが順々に覇者となり、連合を強化したのは、楚への対抗措置という面が強かった。

そして前七世紀末から前六世紀初めになると、楚は荘王のもとで北への圧力をいっそう強めていき、ついには周王に「鼎の軽重を問う」、すなわちレガリア(九鼎)の重さを尋ねるという挑発的な行為にも及んだ。彼は前五九七年の邲の戦いなどを通じて、中原諸国連合を圧していく。その過程で、かつては殷周王権が独占してきた青銅器に銘文を鋳込む技術を導入して自らの権威づけに利用するなど、周王と並び立つ王権の樹立をうかがったのである。

臥薪嘗胆

さらに春秋時代の後期、前六世紀後半から前五世紀にかけては、長江下流域において呉・越という新興国が勢力を急速に拡大する。

この地には、被髪(髪を結わずザンバラにする)、左衽(襟の合わせ目が左前)、文身(入れ墨)などの習俗があり、中原と異なる文化が育まれていた。また良質な銅資源を持ち、剣の鋳造でも有名である。「干将」「莫耶」「湛盧」「純鈎」「勝邪」「魚腸」など名剣の名が伝わり、出土遺物にも越王勾践剣など、青銅武器が数多く発見されていて、剣が重視されていたことがよくわかる。

太湖周辺に興った呉は、前六世紀半ばの寿夢のころから成長をはじめる。孫の闔閭の代には伍子胥や孫武など他国出身の人材を用いて国力を伸ばし、前五〇六年には楚都の郢(湖北省)を一時占拠するなど、その支配領域は一挙に拡大した。

ところが同じ頃、会稽(浙江省)に興った越との戦い(前四九六)で闔閭が負傷し、それがもとで死亡したことをきっかけに、血みどろの呉越戦争が幕を開ける。後を継いだ夫差は、父の復讐を掲げて越に猛攻を仕掛け、王の勾践を会稽に追い詰め、屈服させる。さらに、その勢いを駆って中原に進出し、覇者の地位をうかがうまでに至る。

一方、勾践は十余年にわたる雌伏の後、前四八二年、北方戦線に貼りついた夫差の背後を急襲して宿願を果たした（屈従から逆転に至るこの経緯は、「臥薪嘗胆」の故事として後世まで印象的に語り継がれることとなる）。これを転機に呉は衰え、前四七三年、越に滅ぼされる。一方、越は北へと勢力を拡大し、中原の諸国連合を脅かす存在へと成長したのである。

このように春秋時代には、長江流域の諸国が漢字文化を摂取し、中原諸国と共通の土俵に上がろうとする姿勢を見せる一方で、周中心の秩序に対抗せんとする動きも見せた。楚の荘王、呉の闔閭もしくは夫差、そして越の勾践を「春秋五覇」に数える場合があるが、これは周を中心とする「〝中国〟の論理」に、彼らをはめ込もうとする歴史観、もっといえば「はまってもらわないと困る」と考える歴史観のなすところであり、実態を反映しているとは限らない。

彼らは「尊王」の旗を担ぐ「覇者」なのか。それとも「周王」を相対化する「もう一人の王者」なのか。どちらから眺めるかによって、春秋史のとらえ方は大きく変わってくる。

二 「楚」の血脈

楚文化の独自性

楚の地では二里頭期以降、中原からの影響力が強まる一方で、新石器時代以来の文化的独自性も保たれていた。たとえば『漢書』地理志には、楚について、農業は粗放ながら、山林藪沢（未開の自然領域）の天然資源に恵まれた豊かな土地であり、階級分化も緩やかだったことが記されている。その土着的な信仰は「巫鬼」、すなわち巫祝（シャーマン）を介する鬼神（超越神）崇拝と評されており、秦や漢といった中原王朝の目からは、これらが「淫祀」、すなわち「祀るべきでない神霊を祀るような野蛮な信仰」と映っていたことがうかがわれる。

政治制度の面では、行政・軍政を担う令尹・左右尹・左右司馬や、祭祀を担う莫囂（莫敖）など、独特な官職名が知られている。また暦や文字、さらには蟻鼻銭（銅銭）や金版（金貨）を用いる貨幣制度など、楚の独自性を示す文化・制度は数多く挙げることができる。

戦国時代（前五世紀～前二二一）中期から前漢中期までの「中国」史は、西方ないし北方から興った秦や漢により、楚や斉などの南方ないし東方諸国が包摂・統合される、という図式で推移する。しかしその歴史は非常に困難なものとなり、多くの血が流れた。その過程において楚は、秦漢に征服された勢力のシンボルと見なされるようになり、戦国時代の楚が滅んだ後も「中原王朝に対抗する楚」の歴史はくりかえし再生されることとなる。

ここからしばしの間、「秦漢帝国の陰画」の宿命を背負わされた楚の足取りをたどってみよう。

楚簡の世界

上述のように、楚は紀元前六世紀末、呉の攻撃で郢を一時失うものの、ほどなく立て直しに向かったらしく、前五世紀には北方への拡大を再開し、同じころ淮河下流域や山東方面に勢力を広げていた越としのぎを削っている。

戦国時代に入ると、他国と同様、王権の強化が楚でも重要課題となる。その際、焦点となるのが国内有力者層(世族)の扱いであった。

もともと楚の地方官制では、世族等が封君として世襲支配する所領(封邑)と、中央から官僚を派遣する県とが並存しており、世族層代々の勢力基盤である封邑と、王権強化の最前線である県の間は、つねに緊張含みであった。

このころ晋では韓・魏・趙の三氏、斉では田氏という有力世族による簒奪劇が起こっており、世族層の扱いは各国の王権にとってデリケートな課題であった。楚では戦国時代初期に悼王が呉起を起用し、封邑の世襲特権にメスを入れようと試みたことがあったが、反発した世族たちが呉起を惨殺し、改革が挫折しかかったこともある。しかし封君勢力の抑制はある程度奏功したようで、昭・屈・景という有力三氏が王権を脅かすような事態には至らなかった。

こののち前四世紀の楚は、郢を拠点に長江中流域の大国としての地位を保っていく。この時期の楚の姿を具体的に示す史料として注目されているのが、数々の出土文物である。

一九五七年に安徽省寿県から出土した青銅製の割り符「鄂君啓節」は、前三二二年に懐王の命で作製された交通免税証である。水路に適用される舟節が二件、陸路に適用される車節が三件見つかっており、銘文に鋳込まれた地名や交通路の比定作業を通じて、楚が極めて広範な免税適用範囲を設定していたことが判っている。懐王といえば、後述する屈原がらみの因縁があだとなり、悲劇の暗君と評されることが多いが、その治世初期にはなお、湖北・湖南にまたがる広大な領地を有効に支配しえていたことが判るのである（図6）。

一九八七年に湖北省荊門市で出土した「包山楚簡」は、懐王時代に楚の左尹を務めた邵𬀩という人物の墓から発見された竹簡群である。それらのうち、卜筮簡に見られる占いの記録からは、上述『漢書』でも触れられていた巫鬼信仰のありようが垣間見える。また文書簡には裁判関連の内容が含まれ、楚の地方統治や社会構造の一端が解読できる。とりわけ重要なのは、戦国中期においてなお地方に県と封邑とが並存していることが判明した点で、郡県制（複数の県を郡が束ねる国制）への一本化を進めた秦との違いが、これによって明確になったのである。

一九九三年に同じ荊門市で出土した「郭店楚簡」は、『礼記』の一部や『老子』など、儒家や道家の書籍が数多く含まれていたことで注目された。またほぼ同じ頃、骨董市場に出回った竹簡を上海博物館、清華大学が入手した楚簡のコレクション（上博楚簡、清華楚簡）にも、『周易』（易経）の未知の内容を記した竹簡をはじめ、道家・儒家などの書籍がやはり数多く見つかっている。これらは思想史研究上の大発見であると同時に、楚のなかに他国と共通の文化的基盤が生まれつつあったことの証しとしても重要視されている。

屈原の嘆き

懐王の治世は、戦国楚国が拡張から衰退に向かう転換点となる。そのひきがねを引いたのは、前四世紀中葉、商鞅(しょうおう)による変法を機に、急成長を遂げた秦であった。

こののち諸国間関係は、西方の秦に対して東方にある六国(韓・魏・趙・斉・燕・楚)がどう対峙するかを軸に展開する。それまで国際関係の主軸だった南北対立は九〇度回転し、ここからしばらく(漢代まで)東西の対抗関係が軸となる。

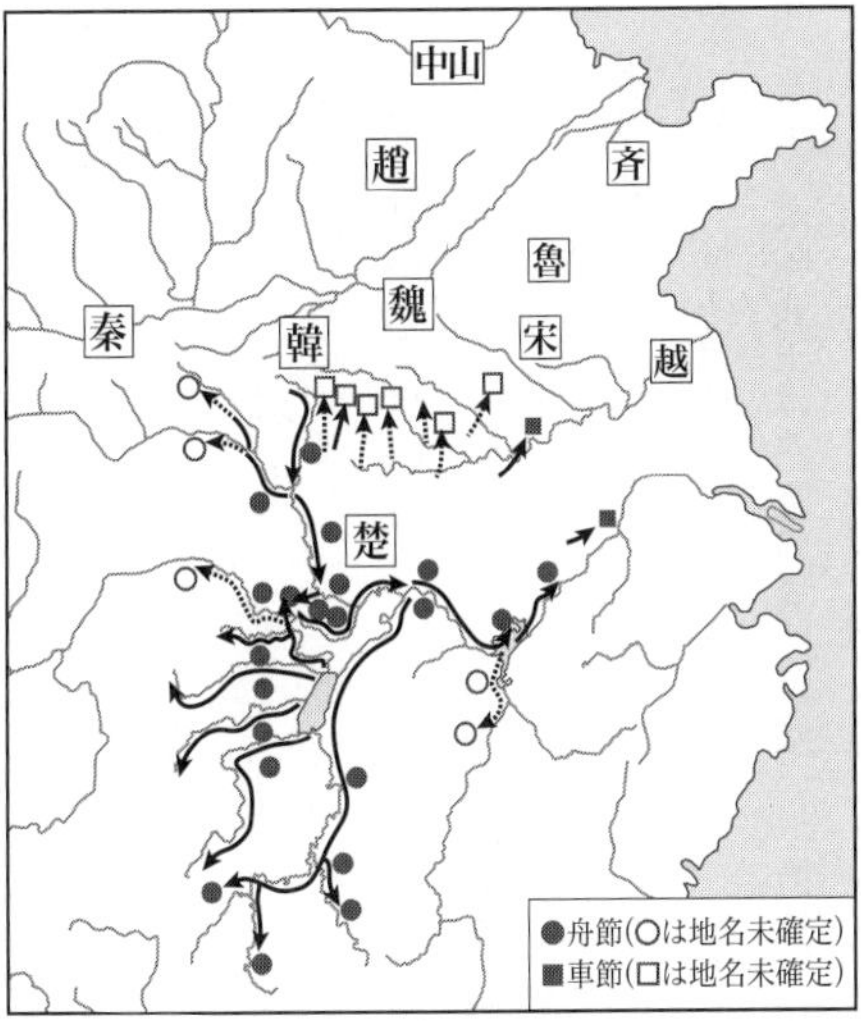

図6　楚の水陸交通(「鄂君啓節」に基づく)

秦は前四世紀末から前三世紀初めにかけて、兵力を長江方面に振り向ける。まず前三一六年に蜀を攻撃し、四川全体を征圧すると、次には矛先を楚に向け、前二七八年には郢を攻略する。楚は雲夢沢など洞庭湖周辺の豊かな山林藪沢も奪われ、東方の陳へ遷って、江淮地方（長江と淮河の間の地域）に拠点を構える中規模国家になってしまうのである。

郢の陥落に至るまでの歴史は、秦が繰り出す計略に、楚が何度も翻弄され、転落に向かうというストーリーで楚人の間に記憶されるようになる。その主役となったのが屈原（前三四〇頃〜前二七八頃）である。

屈原は楚の三大世族の一つ屈氏の生まれ。祭祀を担う莫囂の地位を世襲する家柄であり、彼自身も巫祝の一面を濃厚に宿す。楚の歌謡集『楚辞』の作者として仮託される人物でもあり、楚の文化面での精華と政治面での悲劇を一身に体現する存在である。

屈原は秦の底意を見抜き、王への諫言を試みるも、そのつど聞き入れられず、秦への恨みを募らせる。懐王は彼の忠告にとりあわず、秦王との会見に赴いてそのまま抑留されてしまう。後を継いだ頃襄王は秦との妥協に傾いており、屈原を遠ざけたものの、秦の鋭鋒を避けることは結局かなわず、首都陥落の憂き目を見る。そして祖国の悲運に絶望した屈原は、汨羅の淵に身を投じ、命を絶ってしまうのである。

王たちとの一連のやりとりがすべて屈原自身の言動かどうかはわからない。楚国内には反秦派と親秦派の対立があり、前者の動きが屈原に仮託されて記録された可能性もあるだろう。そして屈原や懐王の故事が、真偽の別を越えたリアリティーを持つ言説として楚人の記憶に刻まれたことは、その後の歴史に少なからぬ影響を及ぼすこととなる。

他方、秦は郢を落とした余勢を駆って、湖北・湖南を手中に収め、南郡を設置した。しかし独特な習俗を持った楚地の経営は容易ではなかったらしい。一九七五年、湖北省雲夢県で出土した「睡虎地秦簡」に含まれる『語書』という文書には、秦の律令が現地の吏民になかなか浸透せず、旧来の習俗が変わらず保たれていたことが記されている。また二〇〇二年に湖南省龍山県から出土した「里耶秦簡」は、三万六〇〇〇枚に及ぶ簡牘（書写材料として用いられた竹製・木製の札を総称してこう呼ぶ）の膨大さから全容はまだ明らかでないものの、楚の風俗や文化が秦と異なることに言及する簡も見つかっている。

さて、東遷して命脈を長らえた楚は、その後どうなったのか。頃襄王が移住先で登用したのが、戦国四君の一人として知られる春申君（?～前二三八）である。春申君は宰相となり、後には呉越地方の統治を委ねられて、東遷後の楚に新たな勢力基盤を加えた。しかし彼が政争の果てに謀殺されると楚はしだいに衰え、前二二三年、秦に滅ぼされるのである。

「西楚覇王」項羽

秦の統一直後、秦の首脳部では「燕・斉・楚は地遠し」という理由で、東方の旧六国地域には王を封建すべしとの意見が多数を占めたが、法家の李斯が強く要請し、郡県制の全面施行が決まった。

しかし睡虎地秦簡にも垣間見えたように、「郡県制による一元支配」を徹底しようとすればするほど「地域社会の多様性」が壁となり、各地でさまざまな衝突が起こった。六国併合の結果、遠く異郷の地への徴発が課されたことも、反秦感情に勢いをつけた。かくして秦の天下は、わずか一〇年ほどで瓦解する。

反秦の火の手は、大沢郷（だいたくきょう）〔図2〕で勃発した陳勝（ちんしょう）・呉広（ごこう）の乱（前二〇九）をきっかけに広がり、彭城の景駒（けいく）、沛（はい）県の劉邦（りゅうほう）、そして会稽の項梁（こうりょう）・項羽（こうう）（前二三二～前二〇二）が次々に武装蜂起する。これらに共通するのは、反秦の旗として「楚の再建」を掲げている点である。

陳勝は国号を張楚（ちょうそ）とし、楚の官制を採用した形跡がある。景駒は楚の名門景氏の御曹司（おんぞうし）である。両集団は短期間で瓦解したが、劉邦と項羽は楚王の末裔を探し出し、これを「懐王」として旗頭に据えた。先代懐王の悲劇に端を発する反秦感情は楚人の胸にくすぶっており、「楚はたった三戸になろうとも、秦を滅ぼすのは必ず楚だ」という言い回しが人口に膾炙（かいしゃ）していたという。そうしたところへ「懐王の再登場」となったわけであるから、反秦運動の旗頭としては何物にも代えがたい訴求力を発揮したことだろう。

楚の再興に触発されて、韓・魏・趙・斉・燕の諸国も王統を続々と復活させ、世はさながら戦国再生の様相となる。そして項羽・劉邦の活躍で秦が打倒されると（前二〇六）、天下は「十八王国体制」に再編成されることになる。この体制の頂点には義帝（懐王を帝位に擁立）が立ったが、実質的な指導者は「西楚覇王」の称号を帯びた項羽であり、彼のもとで、反秦戦争の功労者（劉邦＝漢王など）や旧六国王の末裔、秦の降将などが王として分封された。封建制に基づく旧体制の復活が図られたのである。

憎き秦帝国の瓦解に、「楚」に連なる人びとが酔いしれていたとき、この「旧き新体制」の限界を冷徹に見切っていた男が一人いた。漢王劉邦に仕える敏腕の能吏、蕭何である。彼はもともと沛県の役人を務めており、秦による地方統治の前線に立つ官僚だった。劉邦の挙兵に当たっては主導的な役割を担い、反秦戦争に身を投じていくものの、秦の統治制度の卓抜さは知悉していたに違いない。劉邦が秦の都の咸陽を落とした際には、金帛財宝には目もくれず、行政運営に必要な図籍・文書をすべて彼が接収している。

劉邦はおそらく漢王になったタイミング（前二〇六）で楚の統治制度を捨て、秦制をベースにした漢独自の制度へ転換を行ったとみられる。こののち劉邦が関中（咸陽周辺）を拠点に項羽との対決姿勢を鮮明にし、いわゆる楚漢戦争に突入していく経過はよく知られていよう。

激闘の末に項羽との戦いに勝利し、前二〇二年、帝位に即いた劉邦は、郡国制という国制を採用する。首都長安のある帝国の西半分を郡県制、東半分を封建制とする折衷的、現実主義的な国制である〔図7〕。郡県制の急進的施行についていけず、秦への反発を募らせた旧六国（東半

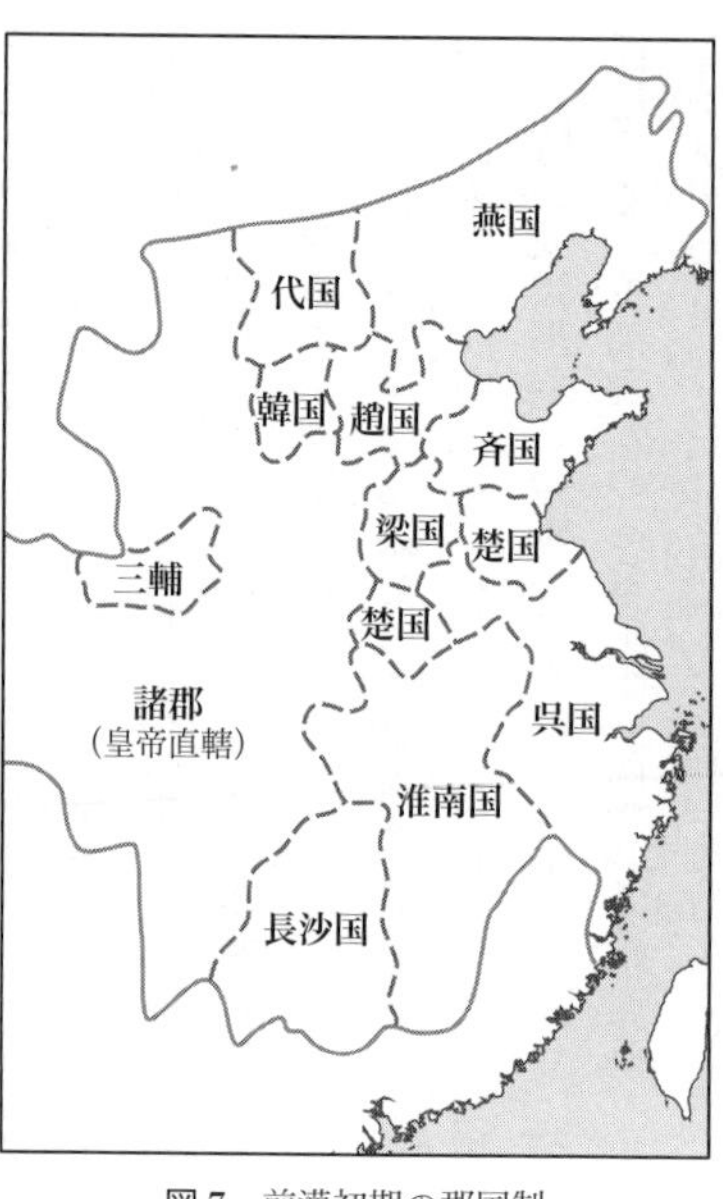

図7　前漢初期の郡国制

分）の人たちに配慮し、まずはソフトランディングを優先したのである。このとき東方に封建されたのは主に、斉王の韓信（のち楚王に移封）、淮南王の英布、梁王の彭越などの功臣たちだった。

しかし、劉邦にとってこの体制は、あくまで一時的なものに過ぎなかった。たとえるなら「戊辰戦争のあと旧幕府の影響が強い東日本だけ廃藩置県を行って新政府の首都を置き、西日本には新政府軍を支えた諸藩を残した体制」を想像してもらうと、この体制のちぐはぐさがイメージしやすいだろうか。遠心的に動きかねない東方諸国の力は早晩削がなければならなかった。項羽の戦死で幕を閉じたかに見えた「楚の悲劇」は、かくして漢帝国においても再演されることになる。

呉楚七国と『淮南子』

始皇帝による郡県制一本化、項羽による封建制一本化、劉邦による郡県制・封建制折衷という複雑な過程をたどりつつ、西方と東方の政治的・文化的隔たりは容易には縮まらなかった。韓信が母国である楚の王に選ばれたときには、「楚の風俗に習う」ことが任命の理由とされている。睡虎地秦簡の時代と同様、楚人の統治は厄介で切実な政策課題だったのである。反対に、東から西に移った人たちも苦労が多かったらしく、劉邦の父などは西方暮らしになじめず、故郷のある東方への帰還を強く望んだ。劉邦は長安の東に新豊県を新設して故郷そっくりの町並みを再現し、故郷の商人などを招いて父を慰めなければならなかったという。

劉邦は建国当初こそ功臣たちの実績を尊重し、東方諸国の王として処遇したものの、体制が徐々に安定してくると、彼らの勢力削減に着手する。

武勲第一とされる楚王韓信は、まず項羽の旧臣をかくまった疑いで淮陰侯に格下げされ、最後には反乱に関与したとして誅殺される。それ以外の諸王も軒並み同じ運命をたどり、さまざまな理由を付けては粛清されていった。韓信が発した「狡兎死して走狗烹らる」(獲物のウサギがいなくなれば、猟犬は用済みとなって食べられてしまう)との嘆きは、功臣たちの運命の暗転を残酷なほどリアルに表現している。

彼らが「お取りつぶし」となった後は、劉喜が代王、劉交が楚王、劉肥が斉王、劉賈が荊王、劉濞が呉王、というように劉氏一族が封建されていく。異姓諸侯王から同姓諸侯王への転換である。前田家も伊達家も島津家も改易し、日本全国を松平家だらけに替えるようなものだから、そこに費やされるエネルギーたるや、日本の感覚ではなかなかに推測しがたい。

しかし漢帝国はなお、中央集権化へのエネルギー注入をやめなかった。五代文帝（在位前一八〇〜前一五七）、六代景帝（在位前一五七〜前一四一）の時代になると、抑圧の手が同姓諸侯王にも伸びていくのである。文帝の時代に起こった済北王、淮南王の廃絶事件（それぞれ前一七七、前一七四）を端緒にこの動きは始まり、景帝の時代には鼂錯（?〜前一五四）が主導して諸侯王の封地削減を繰り返していく。諸侯王の反発は次第に強まり、前一五四年、長老の呉王（劉濞）を中心とする諸侯王連合による反乱、呉楚七国の乱にまで発展する。

反乱は短期間で鎮圧された。東方への諸侯王封建は乱後も続いたが、王の権力は弱められ、各国の統治は中央から派遣される相によって実質的には担われるようになるのである。

諸侯王抑圧は、次の武帝（在位前一四一〜前八七）の時代にも続く。前一二七年には封地の諸子均分を定めた「推恩の令」が実施され、諸国は代替わりごとに分割縮小されることとなった。また淮南王劉安等の反乱未遂事件（前一二二）をきっかけに、諸侯王への規制を強める制度が次々と施行される。諸侯王の自律性はほぼ失われ、漢帝国の中央集権化はここに事実上達成された。

ただし政治的な統合が進められても、東方の文化的な独自性がただちに解消されたわけではない。劉安が、学者たちを淮南国の宮廷に集めてつくらせた百科全書『淮南子』は、黄老思想を基礎に諸子百家の学説を網羅・併合した「雑家」の書であった。また山東半島には、戦国斉国以来この地にあった方士たちがなお多数活動していた。彼らは始皇帝に不老長寿を持ちかけたときと同じように、その呪術的な力を示して武帝に近づき、天地の祭り（郊祀）や泰山（山東省）における封禅を方士流の祭儀によって挙行させた。

このように、戦国以来続く東西対抗図式は、前漢に入ってからも延長戦が続いており、東西の実質的な統合までにはなお長い時間を要した。東西の文化的統合が曲がりなりにも軌道に乗るのは、前漢後期以降、儒教一尊が進む過程においてである。

長沙国と南越国

ここまで長江流域を中心に諸勢力の興亡をみてきたが、以下では、さらに南方の地域にも目を向けておこう。

春秋末期に台頭した呉・越の、さらに南方に分布する外族は百越と総称され、福建の東越（閩越）、広東の南越などの地域的な区分があった。戦国末期、秦は楚を滅ぼすと遠征軍の一部をさらに南下させ、百越を支配下に置いて閩中・桂林・南海・象の四郡を置いた。兵站を確保するため、北流する湘江（長江水系）と南流する漓江（珠江水系）を結んでこのとき開削した水路

（霊渠）は、その後も華南と華中を結ぶ重要な動脈となった。

秦末の動乱期になると、百越は番君（鄱君）こと呉芮のもと、劉邦に従って覇業に貢献する。呉芮が封建された長沙国は、その後の諸侯王抑圧の嵐をしぶとく生き残り、初代呉芮から五代、異姓諸侯王国としては最長不倒の命脈を保った。

長沙国の名は、一九七二年に発掘された馬王堆漢墓で有名になった。墓内に葬られた女性の遺体が腐乱せず、生けるが如き弾力の肌組織を保った状態で発見され、大きな話題となったのである。被葬者は長沙国の丞相だった利蒼の夫人で、木俑や什器など膨大な数の副葬品、美しい帛画の数々が注目を集めた。

他方、長沙国の南側で境を接する広東地区では、秦末の動乱期、県の長官を務めていた趙佗が王を称し、漢から封建を受けて南越国を樹立していた（前一九六）。彼はのち帝号を採用し（武帝）、六〇年に及ぶ治世を全うした。領域は南海・桂林・象の三郡、今日の広東省と広西チワン族自治区の範囲に及ぶ。君主の家系は漢人だったが、全体としては越人の政権であった。

南越国も出土文物で知られる。二代王の文帝陵から見つかった遺体を包む絲縷玉衣や、「文帝行璽」と刻された金印などが、往時の隆盛を偲ぶ遺物として関心を集めた。

前漢は武帝期に入ると南越国の直接統治に乗り出し、前一一一年、これを征圧して九郡を設置する。漢はさらに福建の東越を併合すると、同地の住民をまるごと江淮の地に移住させた。

南越をはじめとする周辺勢力に対し、漢は郡県制か封建制いずれかの対応で臨んだ。前者は郡の下に属国都尉を置き、帰順した勢力を官僚制の枠組みで統治する。後者は既存勢力による支配を認め、その君主に王などの称号を授ける。ここでいう王とは、宗室諸王などに授与される王と同じ爵というカテゴリーの称号だが、漢の直接支配下にある王は「内臣」、事後的・追認的に爵号を与えられる独立国家の君主は「外臣」として区別された。このようにして取り結ばれる中華中心の国際関係は「冊封体制」と呼ばれる。

この使い分けは、たとえば前漢中期に西南部（四川省南部から貴州省・雲南省の地域）の少数民族への対応に典型的に見られる。西南夷の領域のうち、武力併合された地域には犍為郡や牂牁郡などが置かれる一方、「夜郎自大」の故事で知られる夜郎国（貴州省南部）や滇国（雲南省）は存続が認められた。昆明市で発見された金印「滇王之印」は、漢帝国が周辺国と結んだ冊封関係の象徴として、日本で出土した「倭奴国王印」と並び称される文物である。

三　「古典国制」と対峙する人びと

游侠の生きる道

中国は前漢末期から王莽時代、そして後漢時代にかけて「古典国制」の完成に向かって進んでいく（第一巻第四章）。それは大きく見れば、戦国時代以降の王権強化、とりわけ商鞅に始まる一君万民体制ないし専制国家体制の構築過程でもある。

広大化した国土をまとめる過程では、無数の対立と妥協があった。その経緯を追跡するに当たっては、東西間、南北間のような地域横断的な統合だけでなく、官民間の階層縦断的な統合にも着目しておきたい。「はじめに」で述べた、本巻全体の副旋律である。本節では「古典国制」に包摂されゆく民たちの動きを、ひとまず漢代までたどってみよう。

一君万民体制の構築過程は、春秋以来の氏族制の解体を軸に進められる。戦国の王たちの多くが、氏族制に基礎をおく有力者層（世族）の力を弱め、王権を強めようとしたことはすでに述べた。それを最も強く主張する法家の思想を採用し、世族を排した小農民主体のフラットな社会、すなわち一君万民体制の構築を徹底したのが秦だった。

他方、氏族制解体の裏では、それとは別の現象も起こった。大量のアウトロー（游侠）たちが社会に流出したのである。郷里に居場所を失ったアウトローは、己が才覚で新たなよりどころを求めていく。彼らの動きは、流動化する時代に巨大な活力を与えた。

文士であれば遊説の徒となり、あわよくばどこかの国に召し抱えられて政治を動かさんと志す。弟子たちを引き連れ各地を彷徨した孔子集団を筆頭に、戦国時代の呉起、蘇秦、張儀、韓非、李斯、皆そうである。腕に覚えあるものなら用心棒になる、あるいは群盗に身を投じてもよい。「鶏鳴狗盗」で知られる斉の孟嘗君ら、戦国四君が召し抱えた食客のように、鶏の鳴き真似でも、窃盗稼業でも、みな一芸をひっさげ乱世に生き残りをかけたのである。

アウトローたちは自ら伝手をたどり、個人間の信頼関係を基礎によりどころを求めていく。「はじめに」で述べた「帮の関係」の先駆けである。各国王や戦国四君のような大パトロンに出会える場合もあれば、仲間内の水平的なネットワークで身の保全を図る場合もあったろう。彼らはこうした関係を大切にし、命がけで守った。「己を知る者のために死す」(『史記』刺客列伝)。これが彼らの唯一無二の行動規範である。友を守るためなら、他者を害したり、法を侵したりすることも厭わぬ彼らの価値観は、各時代の為政者からは警戒されたが、社会的には称賛の対象となった。中国古代史研究者の増淵龍夫(一九一六〜一九八三)は、人と人とを結ぶこうしたつながりが、游侠者のみならず社会全体を広く覆っていることを重視し、こうした価値観を「任侠的習俗」と呼んだ。

この動きは、秦末の動乱期になるとさらに高まる。ここで活躍する英雄たちは、「任侠的習俗」を体現する者たちばかりである。項羽軍の中核は叔父項梁が亡命時代に集めた「死士」(決死隊)たちだった。劉邦の麾下には、張良のような旧六国の名族から、蕭何・曹参ら秦に仕えた官吏層、韓信・樊噲のようなアウトローまで、さまざまな人びとが集まったが、若いころにアウトロー経験を持つボス自身の個人的器量が、多様な子分を引きつける要因となっていた。

漢帝国ができ、一君万民体制への一元化が始まってからも、基層社会に満ちる任侠の気風は容易になくならなかった。だから地域で起こった揉め事を、法的手続きによらず、「客を結んで仇を報じ」ることで結着させたという記録がたくさん残っている。要するに、アウトローたちを雇って集団で行う私闘や復讐である。そんな私的制裁の世界に地方官の出る幕はなく、その場の秩序は地域を牛耳るボスたちの仕切りによって保たれていた。

『史記』を著した司馬遷は、そうしたボスのなかでも特に著名だった朱家、劇孟、郭解を游侠列伝に載せ、その行為には不正義を含むことがあると断りつつ、「その言は信、その行は果」であると認め、身命を惜しまず仲間の窮状に駆けつける点を評価している。同様の価値観は、始皇帝暗殺を企てた荊軻を「壮士」と評する刺客列伝にも表れており、『史記』全体を貫くモチーフになっている。これは、後漢時代につくられた『漢書』が、「処士を退けて奸雄を進める」(司馬遷伝)ものとして司馬遷の游侠評に批判的なのとまったく対照的である。そこには、戦国の遺風がまだ残る司馬遷の時代(前漢中期)と、儒教一尊に傾斜した班彪・班固の時代(後漢前期)の価値観の違いがよく現れている。

商人たちのゆくえ

氏族制から一君万民体制へと世の中が変わるなか、国制外の領域に跳び出し活躍した勢力は、游侠者だけではない。商人たちにも多分にそうした傾向があるので、それらの動きもたどっておこう。

商業は戦国時代から各地で盛んになり、遠隔地や外国とも交易して(玉(ぎょく)、ブドウ酒、馬、毛織物など)巨利を博す者が現れはじめる。刀銭(とうせん)や蟻鼻銭などの青銅貨幣も各国で用いられるようになった。秦を大国に押し上げた立役者、呂不韋(りょふい)(?~前二三五)はこの時代を代表する大商人である。

こうした商人の成長は、法家的な農本主義を基調とする一君万民体制の立場から非常に警戒された。秦漢時代の商人政策は、抑制が基本方針である。商人は公設市場の名簿(市籍(しせき))に登録しなければならず、その公設市場でしか営業できなかった。

商業統制をもくろむ国家と、自由交易を求める商人・富裕層の間の緊張がピークを迎えたのが、前漢中期である。武帝の時代、外征の連続で国庫が枯渇すると、中央政府は財政再建・軍費調達のため、積極財政へと舵を切った。旗振り役を務めたのは、「酷吏(こくり)」と呼ばれた張湯(ちょうとう)(?~前一一六。酷吏については後述)、商人出身の桑弘羊(そうこうよう)(前一五二~前八〇)らである。

まず国家収入を増やす施策として、売官(ばいかん)や売爵(ばいしゃく)が行われ、さらには算緡(さんびん)という新税が導入された。算緡は財産の多寡に応じて課されるものであったが、特に商人に対して高税率を設定したあからさまな抑商政策である(前一一九)。しかも、少し後に出された告緡令(こくびん)によって密告が

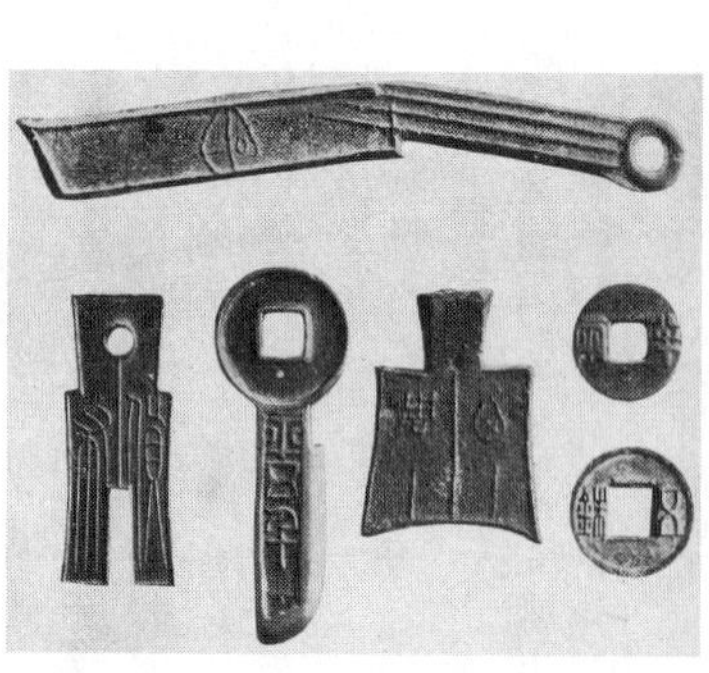

図8　古代の貨幣

奨励され(前一一四)、申告漏れに対しては財産没収などの厳しい措置がとられたため、中産以上の商人はほとんどが破産したともいわれる。

一方、塩・鉄の専売(前一一九)、均輸・平準法(前一一〇)は、単なる増収策にとどまらず、政府が積極的に流通経済に関与し、経済効果を得ようとする施策である。その具体的な内容については第一巻第三章で述べられているのでそちらを参照していただくとして、本巻ではこれらにみられる「国家と民間の競合関係」に着目しておきたい。

中央官庁で必要な物資はそれまで各官庁が自ら調達していたが、中央への供給輸送は遠隔地商人たちが掌握していたため、売価のつり上げがしばしば見られた。そこで桑弘羊等は、地方での物資調達から中央への供給輸送までを国営事業化することにした。これが均輸・平準法の骨子である。「国家権力が経済に介入することで、過当競争に起因する社会の分解を抑制する」という、法家流の社会編成論がその底には流れている。

しかしこうした積極財政には強い批判が寄せられた。その争点を明確にうかがい知ることができるのが、前八一年に開催された塩鉄会議の記録『塩鉄論』である。塩鉄会議では、桑弘羊ら政府代表と、賢良・文学と総称される地方代表六十余名が宮中で議論を戦わせた。前者の施策に対する批判を後者がぶつけていくわけだが、とりわけ標的となったのは、国家が「民と利を争う」こと、今風に言えば「国営事業強化による民業圧迫」という面だった。

賢良・文学が民業圧迫を批判する背景には、彼らの選出母体である農村社会の時代状況が深く関わっている。会議の争点をより明確にするため、視点をいったん農村の方に転じてみよう。

豪族の台頭

漢帝国は、小農民中心のフラットな社会編成を目指すという法家的方針を秦から継承した。しかし、鼂錯や董仲舒(前一七六頃～前一〇四頃)が土地兼併の弊害を指摘しているように、大土地所有者すなわち「豪族」の勢力伸長は、前漢中期から問題とされていた。武帝期の抑商政策が富商を土地投資へといざなったことも、豪族の広がりをうながす一因となった。

この時期以降、豪族対策の担い手として史料に目立ち始めるのが「酷吏」である。酷吏とは一君万民を原理主義的に追求・実践しようとする官僚の形容であり、彼らは農村の貧富格差を拡大しかねない豪族を、さまざまな理由を付けては、財産没収・一族誅滅などの形で弾圧した。地域社会における「酷吏」対「豪族」の対決は、後漢に至るまで何度も記録されている。

他方、豪族たちにしてみれば、積極財政にせよ酷吏にせよ、国家権力の介入は迷惑な話であり、彼らは放任財政を断然支持する。

　こうした主張はあながち富裕層の身勝手な言い分とばかりは言い切れない。法家思想を典型とする「一君万民」の論理とは対照的に、「鼓腹撃壌」(伝説の聖王の堯の時代、民が腹を鼓ち壌を撃いて「天子の力はわれわれの身近に及んでいない」と語って太平を謳歌したという故事)のように、「国家権力の存在を民が意識することなく、秩序が保たれている状態」を良しとする価値観も、有力な考え方として伝統的に継承されてきたからである。塩鉄会議に選ばれた賢良・文学は、そうした価値観を持つ豪族の利益代表としての面を持っており、そのことが彼らの民業圧迫批判につながっているのである。

　会議は賢良・文学の優勢に進むが、その主張が政策批判にとどまって有効な対案を示せなかったこともあり、酒専売が廃止された以外、積極財政路線は堅持された。

　しかし豪族の成長はその後も続いた。前漢中期以降、地域の有力者を官僚に推挙する察挙制度が広がると、豪族たちは官僚機構に進出し、官界にも地歩を築くようになったのである。察挙の際には孝廉・賢良という儒教的素養の有無が推薦の基準とされたため、前漢後期には、基層社会には儒教理念の浸透、中央政界には儒家官僚の進出という現象が、並行的に進んでいく。

　このの ち豪族たちは、儒教理念に基づき基層社会の指導者として振る舞うようになる。窮民を吸収して土地を兼併し、家族と隷属民を中核とする大土地経営を展開しつつ、客と呼ばれる游民層を雇ってその周りを固め（要するに武装組織も保持していた）、基層社会を牛耳る存在に成長する。農村内部では小農民が多数を占めたが、彼らも経営上、近隣の豪族には大なり小なり依存せざるを得なかった。

豪族と小農民、あるいは豪族と地方官の関係は、史料上は競合・対立する事例が目立つものの、相互依存の面も無視できず、一方に偏った観察眼では全体像を見失いかねない。近年発見された石刻資料のなかには、貧富格差の解消を目的とする地方官の施策に対し、既得権を脅かされかねない豪族側がこれを善政と認め、連名で出資・建立した顕彰碑がある。豪族層とて常に目先の利害ばかりを追っていたわけではない。基層社会の再生産維持に総体的・長期的展望を持ちつつ、国家機構と向き合っていたことが、ここからうかがわれるのである。

南陽劉氏の後漢建設

豪族たちの存在感は、両漢交替期の混乱のなかでさらに増していく。その主役となったのが、南陽（なんよう）郡で豪族化していた劉氏一族、景帝を先祖に持つ宗室の一支族である。

前漢から帝位を奪った王莽政権が迷走するなか、湖北では緑林（りょくりん）の乱（後一七）、山東では赤眉（せきび）の乱（後一八）が勃発した。南陽劉氏は劉玄（りゅうげん）（更始帝（こうしてい））を中心に緑林勢力と連携し、長安を攻略して王莽政権を打倒する。劉玄が殺害されると、劉秀（りゅうしゅう）（光武帝（こうぶてい）。在位後二五～五七）が後を継いで後漢王朝を開き、各地の勢力を服属させて天下統一を果たすのである。

後漢の創業集団の多くは南陽郡出身者が占めていた。南陽郡は東西南北の交通上の要地であり、前漢時代には製鉄業を営む孔氏や、溜池灌漑による新田開発や商品作物の売買で巨利を博した樊氏などの富民が分布していた。劉氏の覇業も南陽の経済に支えられてのものだった。

後漢の政治は、豪族の利害がしばしば前面に現れることもあり、「豪族連合体」あるいは「地方の時代」などと呼ばれる。儒教や察挙制度が社会に根を下ろし、地方と中央の人的つながりが強まったことが、大きな影響を及ぼしている。

後漢時代には儒教をまなぶ官民の学校が地方にも広がり、多くの若者が各地の学者の門下に集まって強固な師弟関係を結んだ。その者がいよいよ官僚への道に挑戦する段になれば、察挙の際、登用を決めた試験官との間に強い絆が生まれ、キャリア全期間を通じて、互いに引き立て合った。また勤務した役所内で登用してくれた上司との間に緊密な関係を結び、異動後も助け合うケースがしばしば見られた(これを故主-故吏関係という)。

後漢の官僚たちはこのような「鞲の関係」をよりどころに政治的派閥を形成し、宦官・外戚を巻き込んで激化する中央政界の権力闘争を生き延びようとした。ところがこうした派閥は、宦官など皇帝権力による一元支配を重視する立場からは「朋党の禍」であるとして警戒され、党錮の禁(一六七、一六九)の際には、この理屈で官僚の弾圧が行われた。

地方の時代

豪族たちの経済基盤は、前漢時代につづき大土地所有にあった。前漢に比べると貨幣経済は後退していたが、農家の一年を歳時記の形式でまとめた後漢・崔寔『四民月令』には、農民たちが穀物以外の多様な作物を栽培・加工・商品化していた様子も描かれている。郊外の山林藪沢を囲み、大規模な荘園を営む豪族も増えていった。

ところが後漢時代、農民たちの暮らしは、水害や旱魃、蝗害や地震などの自然災害によってしばしば脅かされた。特に黄河や済水の洪水は、華北平原の人口増・過密化が進んでいたこともあって、被害が深刻になっていた。災害対策は、時に中央主導で、時に地方官主導で進められた。汴水を開削して黄河の本流を分水制御できるようにし、さらに芍陂を開いて溜池灌漑と治水を実現した王景（廬江郡の長官）などは、その代表例である（図9）。

呉越地方は、両漢交替期以降に中原の戦乱を避けた人口が流入し、任延・樊曄といった南陽郡出身の地方官による開発が進んだ。順帝（在位一二五～一四四）期には、会稽郡の長官馬臻が鏡湖を開き、九千余頃（約四万ヘクタール）を開発した。また『呉越春秋』『越絶書』などの書物が呉越人の手で記され、春秋末期の呉越戦争などを地元の歴史として積極的に語ろうとする地域意識も芽生え始めていた。こうした過程を通じて江南の発展が始まり、江南地域の人口は前漢

図9　芍陂(安徽省寿県)

末の二五〇万から後漢には六二〇万へと大幅に増加し、北と南の人口比も前漢の五対一から、後漢には二対一となった。

漢代に進められた各地の開発は、地方の役人が主導したものが多い。地方官が民生に積極関与し、治安維持やインフラ整備に実績を上げた記録が数多く残されており、功績良好な郡の長官には「良二千石（りょうにせんせき）」という評価が与えられた(二千石は郡の長官の給与額で、それがそのまま郡の長官の通称となった)。

後世、科挙の時代になると、地方官と赴任地の癒着を防ぐ制度が二重三重に設けられたため、地方官は「渡り鳥」化し、民生への関心を失いがちになっていく。そうした時代の世論のなかで、漢代は「地方政治の理想的時代」とされた。もちろん酷吏と豪族の対立のような事態は無数にあったが、前後の時代と比べ、漢代は地方行政が有効に機能し、国家機構と基層社会とがかみ合った関係を築いていたことは確かである。こうした関係が、歴史上いかに稀有なことであったかは、本巻の以下の記述をたどっていけば明らかになっていくだろう。

南方・東方との接触拡大

前漢武帝の時代に拡大した南方との関係は、後漢時代にもひきつづき強くなっていた。ベトナム北部は、武帝による征圧と九郡設置以降、前漢の統治下に置かれたが、後漢の初期に交趾郡の長官と先住民（駱）との対立が深まり、徴側・徴貳姉妹による反乱が発生した（四〇〜四二）。これには周辺各郡の諸族が呼応して大規模化したが、後漢は名将馬援を派遣してこれを平定した。後漢建国当初の南方情勢はまだ不安定で、その後も西南諸夷の反乱（四二）や南方の武陵蛮の反乱（四七）など相次いだ。

その後、北方・西方の情勢が安定するのと並行して、夫余（プヨ）・高句麗（コグリョ）・倭など東方諸国との関係も広がっていく。倭国からの朝貢使節が後漢を訪れたのは光武帝最晩年の五七年であり、一〇七年には倭国王帥升からの朝貢が記録されている。

二世紀になると、東南アジアの港市である撣国（タトン。ミャンマー付近）や葉調国（インドネシア付近）が朝貢するようになり、西方からは天竺の使節が一五九年と一六一年に、そして一六六年にはローマ皇帝マルクス・アウレリウス・アントニヌス（大秦王安敦）の使節が、日南郡に来訪している。

エジプト在住のギリシア系交易者が著述した『エリュトゥラー海案内記』で知られるように、この時期にはインド洋を介した東西の海上交易が盛んになりはじめていた。一世紀頃メコンデルタに建国された扶南（ブナム）の外港オケオからは、ローマ帝国の二世紀の金貨やインド由来の仏像・ヒンドゥー教神像などが発見されている。後漢への遣使も、その延長線上で行われたものと考えられる。

第二章　「古典国制」の継承

——六朝から隋唐へ

石頭城(江蘇省南京市)

一　南からみる『三国志』

漢帝国の落日

四〇〇年続いた漢帝国は、三世紀に至ってついに崩壊する。こののち大陸が乱世に向かいだすと、それと入れ替わるように、日本列島は統一に向かって動き始めた。卑弥呼が倭を代表して朝貢使節を派遣し、冊封を受けた相手は、漢を簒奪した魏であった(二三九)。卑弥呼を継いだ台与は、魏を継承した晋(西晋)に朝貢している(二六六)。

漢崩壊の余波は列島のみならず、周辺地域に大きな影響を及ぼした。折しも三世紀から六世紀にかけて地球は寒冷期を迎え、内陸アジアに住む遊牧民集団が温暖な地域へと移住を始めたため、周囲の農耕世界が攪乱されるという共通現象が、漢帝国のみならず、ローマ帝国などユーラシア東西で起こった。

こうした混乱期、王莽および後漢によって完成された「古典国制」は、誰が継承したのだろうか。それが晋から北朝、隋唐へ受け継がれる過程については、本シリーズ第一巻で詳述された。ところがその一方で、漢代に育まれた伝統文化は、むしろ江南地方に誕生した「六朝」

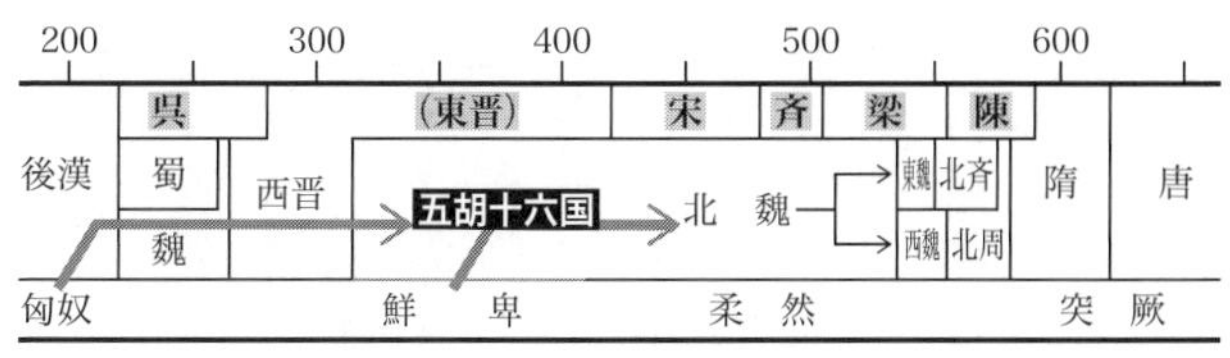

表1　魏晋南北朝の興亡略年表

（呉・東晋・宋・南斉・梁・陳の総称）の人びとが継承者を強く自認していた、という一面も見逃すことができない。そちらの流れをきちんとたどっていくことが、本章に課せられた役割である〔表1〕。

まず本節では、後漢の滅亡後、曹氏の魏、劉氏の蜀（蜀漢）、孫氏の呉（孫呉）に分裂した三国時代（二二〇〜二八〇）の動向をたどっていこう。『三国志演義』の愛読者なら大なり小なり感じるところだろうが、この時代を眺める際には、武人と文人の関係が重要になる。前者は社会の下層あるいは周縁からのし上がり、「腕っ節と侠気」で子分を率いるボスである。後者は、地域社会に地盤を置く豪族で、儒教的素養をもって官界に幅広い人脈をもつ知識層である。前章でみた劉邦集団にも武人と文人の結合関係があったが、漢帝国の四〇〇年を通じ、後者の社会的厚みが格段に増している。

漢という不動軸が崩れるなか、「前者の突破力」と「後者の安定性」の組合せが、このあと魏晋南北朝期を通じて、時代の駆動力となっていくのである。

両者の組合せとして一番わかりやすいのが劉備と諸葛亮（一八一〜二三

四）の関係だろう。求心力は高いが小規模な任侠集団のリーダーにとどまっていた劉備が、諸葛亮から得たのは「天下三分の計」というビジョンだけではなかった。諸葛亮の背後には彼の寄寓する荊州（湖北・湖南）における文人・豪族層が控えており、彼らの支持を得られるようになったことが、きわめて大きかった。

後漢末の荊州は、長官の劉表が主導して学校の拡充など文化振興を進め、戦乱を逃れた文人たちが多数集まって荊州学と称される学派が形成されていた。『演義』にも出てくる司馬徽や徐庶、龐統、そして諸葛亮等は、学派のなかでは劉表から距離を置くグループであり、荊州で「髀肉の嘆」をかこっていた劉備からの「三顧の礼」に応じることとなったのである。

この時期を生きた人たちにとって、地域社会で受けた評価――郷論という――は非常に重要なものであった。ある地域の郷論で何らかの評価を得ると、それは良きにつけ悪しきにつけ「全国共通、生涯有効のライセンス」のような働きを果たすことになる。曹操は人物鑑定の権威、許劭から「治世の能臣、乱世の奸雄」との評を受けたことで、上昇の起点を得た。劉備は、荊州の郷論において「臥龍」と評された諸葛亮を得たことが、勢力基盤獲得の第一歩となったのである。

劉備集団は、後に益州（四川）に勢力を拡大したとき、益州豪族を政権内に取り込んだものの、外来政権という弱みを克服しきれなかった。魏が漢から帝位を奪ったことに対抗して蜀漢を建国した（二二一）当初こそ、漢の再興という国是を掲げ、求心力を維持していた。しかし創業の功臣たちが寿命を迎えて第二世代以降になると、荊州出身者が多数を占める政権中枢と地域社会の隔たりは埋めがたいものとなり、三国のなかでは最も早く魏に併合されてしまうのである（二六三）。

孫呉政権の成り立ち

『三国志』のもう一方の雄、孫氏の出自は江南地方の一角、呉郡の下層豪族である。後漢末の動乱期、孫堅の代にのし上がったものの、初期の劉備集団と同じく、有力豪族等の支持基盤がないまま任侠集団を率い、各地を転戦するにとどまっていた。しかし息子の孫策が周瑜・張昭ら北来の豪族を味方につけ、その弟の孫権が陸遜ら江南の有力豪族や魯粛のような新興富裕層を取り込むことにより、安定した政権基盤を築き、呉の建国へとつながっていく。

そして中原の覇権を握った曹操を、赤壁の戦い（二〇八）において破って以降は、蜀漢と組み魏に対抗するという関係を、外交方針の原則としていった。その過程で建業（今の南京）に石頭城を築き〔本章扉〕、城内、さらに呉郡方面を結ぶ水路網を築く。孫権が帝位に即いたのは、他の二国よりだいぶ遅い二二九年のことだったが、この地が六朝の都として歴史の表舞台に出て行くための環境整備は、建国以前からすでに着手されていたのである。

図10　走馬楼呉簡

呉は、呉郡四姓（陸・顧・朱・張）や会稽四族（虞・魏・孔・賀）などの江南豪族、北来の豪族層などが私兵集団を率い、孫氏の下に結集する、という成り立ちを持っていたため、彼らの権益に基づく体制づくりが行われた。軍団の世襲継承を認める世兵制や、軍団の経済基盤として提供される奉邑制などの制度が伝わっている。

呉の制度は、出土遺物によってさらなる知見が近年広がりつつある。一九九六年、湖南省長沙市で発見された一〇万枚前後に及ぶ簡牘、「走馬楼呉簡」である（図10）。そのうち文字の記されたものが約七万六〇〇〇枚で、嘉禾年間（二三二〜二三八）の紀年を持つものが多い。現時点で公開されているのはまだ一部だが、租税関係、戸籍関係、および官文書の簡牘に大別され、田制や税制、軍制とそれらに関わる地方行政機構、家族制度の情報が豊富である。

それらの分析からは、国家行政の末端機構である「郷」のさらに下に「丘」という特有の単位があったこと、税役の費目やその徴収制度、中央主導による軍糧移送の指令系統、救荒制度などが、明らかにされている。

湖南省では二一世紀に入ってから、同じ走馬楼の近隣から前漢・後漢簡、龍山県から前章で紹介した里耶秦簡、郴州から呉簡・晋簡、益陽市から楚・秦・漢・呉をまたぐ簡牘などが続々と発見されており、新しい「南方の歴史」を描けるようになる日も早晩訪れるだろう。

孫呉や蜀漢は軍事色の強い体制を布いていた一方、優れた学者・文人も多く輩出している。呉では韋昭の『呉書』、謝承の『後漢書』『会稽先賢伝』、蜀では譙周の『蜀本紀』、陳寿の『三国志』『益部耆旧伝』『益部耆旧雑記』など正史および母国の地方史が続々と著されている。さらに陸機・陸雲兄弟は呉郡陸氏の一門であり、呉から晋に降伏した後も江南を代表する大知識人として名声をほしいままにした。

孫権の国際戦略

長江以南に領域を抱える蜀漢と孫呉は、南方の山岳地帯に分布する少数民族との関係に神経をとがらせていた。諸葛亮が司馬懿率いる魏軍との決戦を前に、後顧の憂いを断つべく貴州・雲南方面へ遠征したことは、『演義』の「孟獲七縦七禽」のエピソードで知られていよう。小説には大幅な脚色が加えられているが、西南諸族の統治が蜀漢の重要課題だったことは確かである。

一方、孫呉は山越（さんえつ）と総称される少数民族との間に、大きな摩擦を抱えていた。当時の技術では江南デルタの低湿地帯を耕地化することができなかったため、漢人植民者の開発は山間部に向かい、山越の生活圏に及び始めていた。その結果、衝突が日常化するようになったのである。「文明」を背景にした開拓勢力が、先住民の生活圏に入り込む。そんなときに起こる現象はおおかた決まっており、呉も例外ではない。すなわち武力征圧、強制移住、そして労働力化が行われたのである。孫権は、苦戦しつつも山越の掃討を徹底して行った。

孫権が山越に手こずっていることは曹操の耳にも入っており、曹操は山越を支援・煽動して孫権の後方攪乱を画策した。一方の孫権も負けてはいない。遼東（りょうとう）の公孫（こうそん）氏や、朝鮮半島の高句麗に工作活動を仕掛け、曹操の背後をしきりに脅かしている。

江南と遼東半島、さらには朝鮮半島を結ぶ海上の交流は、実はとても盛んだった。孫権と公孫氏・高句麗との関係は、その最初期の記録である。ソウル特別市の夢村（モンチョン）土城・風納（プンナプ）土城や江原道原州市の法泉里（ポプチョンリ）遺跡からは、会稽郡の特産品だった三国〜東晋時代の陶磁器（青瓷（せいじ））が出土しており、江南と朝鮮半島の交易関係がこの時代すでに日常的に行われていたことが明らかになりつつある。

孫権の視野は南にも及ぶ。ベトナム北部は後漢末より交趾郡の長官士燮が支配しており、名目上は呉に服属するも、なかば独立国の様相を呈していた。この地には中国からの亡命知識人が流入し、インド文化も及んでいたというから、決して辺境の未開勢力ではない。この士燮が死ぬと(二二六)、呉から派遣された交州の長官呂岱は、士氏を武力征圧したのである。

孫権はさらに南方の扶南や林邑等に使節を送り、両国の朝貢を実現した。この間、使者として東南アジア各地に派遣された朱応・康泰は、それぞれ『扶南異物志』、『扶南土俗』『呉時外国伝』を著述しており、南方情報は呉の首脳部に着実に蓄積された。また東方に向けては、「夷州」と「亶州」に調査団を派遣している(夷州は台湾、亶州は種子島やフィリピン等の説があるが、いずれも確証はない)。

このように孫権は、西の蜀のみならず、北は遼東・高句麗、南は東南アジア、さらに東にも連携先を探索するなど、呉を中心とするまことにスケールの大きい全方位外交を積極展開していた。これは「江南立国の王道パターン」として、東晋南朝、五代の呉越国、南宋、さらには南京国民政府などに継承されていくこととなる(海禁を徹底した明初南京政権は例外的)。

そうした国際関係のなか、呉は三国一の仏教国にもなっていく。たとえば中央アジアの大月氏にルーツを持つ支謙が、中原の混乱を避けて呉に移住し、孫権に重用されて仏典の翻訳に活躍する。南方からは、ソグド系インド商人の子として交趾で生まれた康僧会が呉を訪れており、孫権は建業に建初寺を建立してこれを迎えている。このほか交趾にはローマ帝国の商人秦論が到着し、建業にも来朝しており、呉と海域世界の結びつきの強さは、さまざまな点からうかがえるのである。

以上のように、孫呉は江南を拠点に感度の良いアンテナを張り巡らせ、視野の広い国際戦略を展開していた。

魏の司馬懿が五丈原で諸葛亮の死(二三四)を見届け、返す刀で遼東の公孫氏を征圧した(二三八)ことも、これによって朝鮮半島と魏の往来が容易になり、卑弥呼の使節団が魏に朝貢したこと(二三九)も、孫権は掌を指すように承知していたかもしれない。

二　江南の「中華王朝」

東晋――江南の亡命政権

中国史料における日本列島の記述は、台与の西晋朝貢から、倭の五王による朝貢再開に至るまで、約一五〇年間とだえる。日本史上「空白の四世紀」と呼ばれるこの期間、大陸は大きな混乱期に突入していた。北半の五胡勢力と、南半の東晋とに二分されてしまったのである。

それは、二八〇年に呉を滅ぼし、全国を統一したはずの晋が、各地に分封した宗室諸王の内紛（八王の乱、三〇〇～三〇六）、およびその後に起こった匈奴の反乱（永嘉の乱、三一一）により、短期のうちに瓦解してしまったからである。

このとき浮上したのが瑯邪王（司馬睿）だった。彼は三〇七年以来、江南の備えを任されており、中原の混乱に巻き込まれなかったのである。永嘉の乱のなか愍帝が死去したとの報に接した瑯邪王は、建康（建業は西晋末に建康と改名）で即位する。元帝（在位三一八～三二二）である。これ以後、建康を都に命脈を保った王朝は「東晋」と呼ばれ（図11）、これより前の統一王朝「西晋」と区別される。

図 11　建康水路遺跡（南京市，六朝博物館）

中原はこののち五胡十六国の混乱期を迎え、中原にいた漢族は王朝中枢のみならず、数多くの民衆までもが雪崩を打って南をめざした。九〇万人ともいわれる空前の人口移動により、それまで人口の少ない開発途上地域だった江南は、先住の南人と新参の北人の間で大きな緊張を抱えることとなる。江南には前述の呉郡四姓など、有力豪族層がすでに根を下ろしていたからである。

この難題を巧みに仕切ってみせたのが、元帝に付きしたがってきた王導（二七六～三三九）だった。

王導は生まれたばかりの東晋政権において、北来の有力豪族層を中枢に据え、先住の江南豪族をその下に置く、という方針を打ち出す。これに不満を持つ江南豪族は当然おり、反乱も起こったが、王導はそれらを分断・懐柔しつつ、北人優位の体制を確立したのである。

王導は、山東半島の瑯邪郡に本籍を置く豪族である。魏晋南北朝期には、瑯邪王氏のように、豪族のなかでも何世代にもわたって中央の高官を占め、その家格と勢力を保った名族集団が時代の主役となる。そのため、中国史研究では彼らを特に「貴族」と呼び習わしている(後述)。瑯邪王氏、および後に謝安(しゃあん)・謝霊運(しゃれいうん)等を輩出する陳郡(ちんぐん)謝氏(陳郡は現在の河南省)は、最上位の家格を誇る門閥貴族だった。

亡命政権の舵取り

東晋は亡命政権としてスタートしており、五胡勢力に奪われた中原の回復を国是とした。移住民たちも、仮避難のつもりで江南へ来た。そこで東晋政権は、たとえば徐州からの移住民のために「南徐州(なんじょしゅう)」というバーチャルな行政組織を設定し(これを僑州(きょうしゅう)・僑郡(きょうぐん)・僑県(きょうけん)という)、白籍(はくせき)という仮の戸籍を設けてそこに登録させた。正規の戸籍(黄籍(こうせき))とは区別し、正規税役の対象からも外して、来たるべき失地回復、故郷帰還を待つという制度設計を行ったのである。

北方と対峙するうえでは、建康のある長江下流域、および江陵(こうりょう)や襄陽(じょうよう)を中心とする長江中流域が戦略上の要地となる。そこでこの二か所には軍事力が重点配備されることになるが、両者と建康朝廷の関係は非常にデリケートで、それが東晋政治史の攪乱要因になっていく。

その皮切りが、長江中流域の軍政を担っていた王敦の乱(三二二)、江淮間を守っていた蘇峻の乱(三二七)であり、いずれも建康は陥落の危機を一時迎えた。その後、京口(あるいは広陵)に長江下流域方面軍の拠点が置かれて「北府」と呼ばれ、江陵(あるいは武昌)に中流域方面軍の拠点が置かれて「西府」と呼ばれるようになる。

四世紀の半ばには、西府を率いる桓温(三一二〜三七三)が四川の成漢国を滅ぼし、洛陽を攻略するなど、華々しい軍功を背景に帝位をうかがう姿勢を示したが、直前で寿命が尽き、東晋の命脈は長らえた。

そのあと政権を担った謝安(三二〇〜三八五)は、瑯邪王氏と並ぶ名門の出自で、門閥貴族の権益を守るとともに、西府にあった桓氏も疎かにせず、勢力均衡のなかで安定の時代を迎えた。折しも華北を統一し、南進してきた前秦の苻堅を淝水の戦いで撃退するが(三八三)、戦勝の立役者が甥の謝玄(三四三〜三八八)だったこともあり、謝氏の声望は大いに高まった。

しかし謝安没後には、宗室の司馬道子・元顕親子による専権、孫恩等が率いた五斗米道教団の反乱(三九九)、さらには司馬道子と対立した西府の桓玄(三六九〜四〇四)による武装蜂起、簒奪、楚の建国に至る政変(四〇三)などを経て、東晋は衰退に向かい始める。

この孫恩の乱、桓玄の乱を鎮圧して実権を握ったのが、北府司令官の劉裕(りゅうゆう)である。劉裕は、さらに山東から洛陽、長安を攻略するという空前の武功を打ち立て、その実績を背景に恭帝(きょうてい)から禅譲(ぜんじょう)を受け(武帝。在位四二〇~四二二)、宋(劉宋)を建国する。この少し後には北魏(ほくぎ)が華北の統一を果たしたことから、これ以降は南北朝時代と称せられるのである。

宋と南斉――南朝前期

劉裕は下級豪族(寒門(かんもん))の生まれで、武人としての功績を積み、皇帝にまで上りつめた。東晋一代は、王敦や謝玄のように貴族が武人としても活躍する場面がしばしば見られたが、宋以降の南朝各王朝では、寒門の武人が軍功を背景に実権を握り、新王朝を樹立するというパターンが繰り返された。さらには実力主義で上昇を求める寒門・寒人層と、既得権の維持を図る門閥貴族の緊張関係も、その後の政治史の基調となっていく。

宋の政治が安定軌道に乗ったのは、三代文帝(ぶんてい)の時代であった(在位四二四~四五三)。文帝は農業を振興し、人民の負担減を図って社会を小康状態に導いたことから、三〇年近い彼の治世はその元号に基づいて「元嘉(げんか)の治」と称される。しかしその治世の末期、北魏が華北を統一し、淮河以南を脅かし出すころから状況は暗転し始め、文帝自身、皇太子の手にかかって暗殺されてしまう(四五三)。

皇太子派を一掃し、即位した孝武帝（在位四五三〜四六四）は、中央政府の政務を統括し貴族制の拠り所にもなっていた録尚書事の廃止、地方官の権限縮小、徴税監督機構（台使）の設置など、皇帝権の強化に取り組んでいくが、ひとたび発生した内紛はその後も尾を引き、宗室間の報復の連鎖が、代替わりのたびに繰り返された。

その間、北部戦線と近衛軍団で力を養った蕭道成が権力を握ったとき、宋の宗室に次代を担う王はほとんど残っておらず、蕭道成による簒奪、南斉の樹立を許すことになる（四七九）。

蕭道成（高帝。在位四七九〜四八二）も劉裕と同じく寒門出身の武人であり、寒門層の台頭は南斉でも続く。高帝と二代武帝の治世は比較的安定していたものの、その後は宋と同様、宗室内部の権力闘争に明け暮れた。とりわけ六代東昏侯の恐怖政治には反発が広がり、長江中流域の軍団を率いて建康に攻め上った和帝と蕭衍の軍によって、その政権は打倒される。そして最大の功労者、蕭衍が和帝から禅譲を受ける、というお決まりの形で新王朝、梁を打ち立てるのである（五〇二）。

梁と陳——南朝後期

蕭衍（武帝。在位五〇二〜五四九）は南斉宗室の傍流の出自であるが、その側近にあったのは范雲・沈約ら寒門出身者や長江中流域の豪族だった。彼は建康に五つの学館を建て、そこで実施する儒教教養試験によって官僚になる制度を導入するなど、寒門層の上昇志向に応える施策を打ち出す一方、瑯邪王氏との婚姻を重ねるなど門閥貴族にも配慮している。

武帝は、南朝で最長となる半世紀近い在位を誇り、その間、律令・官制・儀礼・音楽など多方面の制度改革(天監の改革)や、地方官に対する監察強化、減税などを実施している。

武帝は、自身が一流の文化人でもあるという点においても、南朝皇帝のなかで異彩を放っており、六世紀前期の建康宮廷は南朝文化史上のピークを迎えた。武帝はとりわけその仏教崇拝で知られ、個人的信仰だけでなく、国家儀礼にも仏教の要素を採り入れている。祖先祭祀の供物から肉類を排して果物などに変更したことなどは、儒教の原則を踏み越える大改革だった。

しかし治世の後半になると、統治に陰りが見え始める。貨幣経済が不安定になるなか、目先の財政再建をねらって鉄銭発行(五二三)に走ったことが、混乱に拍車をかける。武帝は現実から目を覆うように仏教にのめり込み、「捨身」と称して自ら出家し仏寺に入ってしまう。もちろん出家しては皇帝を務めることはできないので、群臣が多額の金銭を仏寺に寄付することで、武帝を「買い戻す」ことになる。この芝居がかったパフォーマンスを武帝は四度も行っており、過度の崇仏は次第に国家財政を傾けていった。

そして治世の最終段階には、王朝全体を揺るがす大事件が勃発する。北朝の東魏から帰服してきた侯景が反乱を起こし、建康を包囲したのである(五四八)。五か月に及ぶ攻城戦の末に建康は陥落し、武帝は軟禁されて、ろくに食事も与えられないまま衰弱死することとなる。

侯景は江南一帯を侵略して権力を手中にするが、長江中流域に駐屯していた湘東王（蕭繹）が派遣した王僧弁、および陳覇先の軍に敗れ、戦死を遂げる。

湘東王は、建康一帯が焦土化している状況を承けて江陵で即位するが（元帝）、他の諸王と対立して、国内に威令を及ぼすことができない。結局、北朝の西魏に支援された岳陽王（蕭詧）に攻められて殺され、一四万巻と言われるその図書コレクションは灰となった（五五四）。

その後も、宗室諸王に西魏・北斉がからむ抗争は続くが、乱戦を制した陳覇先が敬帝から禅譲を受けて、五五七年に即位し（武帝。在位五五七～五五九）、陳を建国する。

しかし長江中流域には、西魏・北周の傀儡政権「後梁」が蕭詧を首班として梁の存続を主張しており、陳はわずかに長江下流域を治める小国家に過ぎなかった。北方では北周が北斉を併合し、圧倒的な兵力で南を窺い始める。そして北周を継承した隋の文帝（在位五八一～六〇四）は、ついに南伐の兵を起こし、五八九年に建康を落とし、約二七〇年ぶりの天下統一を成し遂げる。南朝最後の王朝、陳は、わずか五代三十余年でその命脈を終えることになったのである。

東晋南朝を取り巻く世界

東晋は当初は亡命政権として統一王朝の再建を目指していたが、四世紀半ば以降になると次第に江南への定着という厳然たる既成事実を認め、それに基づいた制度設計に舵を切り始める。

桓温が三六四年に、劉裕が四一三年に行った土断(どだん)は、上述の白籍と黄籍、つまり移住民と先住民の区別解消を目指すものである。また軍事編成の面でも、江南移住民が軍務を世襲で担う兵戸制(へいこせい)から、白籍・黄籍の別なく兵役を課す徴兵制への転換が、東晋から宋の孝武帝の時代にかけて進められた。北人と南人の分離を制度面から解消する動きが進んだのである。

周辺地域との関係では、東南アジアの林邑・扶南が、地方官の搾取で時に対立を含みながらも、呉・西晋に引き続き朝貢を継続している。また三八六年には、百済(ペクチェ)を冊封した。

「江南政権」への転換は、五世紀、南朝時代に入るとより鮮明になる。

宋の文帝は、山間部の少数民族(蛮)居住地への大規模な介入を行い、記録上だけでも一八万人以上を捕縛した。蛮民は戸籍に登録され、接収された土地は州県制に編入された。当初は少数者だった漢人の入植者は、こうして次第にフロンティアを広げていった。

文帝は四四六年に林邑を武力攻撃してこれを冊封すると、こののち東南アジア島嶼部の国々も宋に朝貢するようになる。

北方の境域では四五〇年、北魏の太武帝(たいぶてい)の大規模な南征により、淮河以南がしばしば侵されるようになる。こうした状況のなか、宋の孝武帝は、四五九年、建康を含む揚州(ようしゅう)の地を王畿(おうき)と定め、それに合わせた国家儀礼の改革を行った(七一頁参照)。建康はもはや寄寓地ではなく、中華の中心、天下の中心であることを宣言したのである。

要するに北の圧力が強まるなか、江南を中華の中心と位置づけ、国内の先住民族を同化し、海域諸国に朝貢を呼びかける「新たな華夷秩序」が、構想されたと考えられる。

つづく六世紀の国際関係については、梁の蕭繹（元帝）によって編纂された「梁職貢図」が恰好の史料である。これは梁に朝貢する国々の使者を画に描き、そこに解説文（題記）を付すという構成を取るもので、滑国（エフタル）、波斯（ササン朝）、天竺、高句麗、百済、斯羅（新羅、シルラ）、倭など、さまざまな国々が網羅されている。使臣図と題記をセットで記す北京中国国家博物館蔵北宋模本など、複数の模本が伝存しているが、二〇一一年には清・張庚の模本が発見され、題記の未知の逸文が見つかって話題となった。

この図には使者たちが身にまとった「民族衣装」や朝貢品などが描かれているが、倭国の使者は裸足のままで、際だって貧相な身なりをしている（図12）。倭は梁には朝貢していなかったため、梁が前時代の情報や伝聞によって描いたとも推定されている。

また内陸アジアの胡蜜檀国について記した題記には、同国使節が梁の武帝を「揚州天子、日出処大国聖主」と呼びかけている一節が見つかった。西方の国から見て東方にある梁が「日出処」と呼ばれていることが、遣隋使の「日出処天子」を思い起こさせ、また「聖主」という仏教色の強い称号で武帝を呼んでいることなどが、議論を呼んだのである。

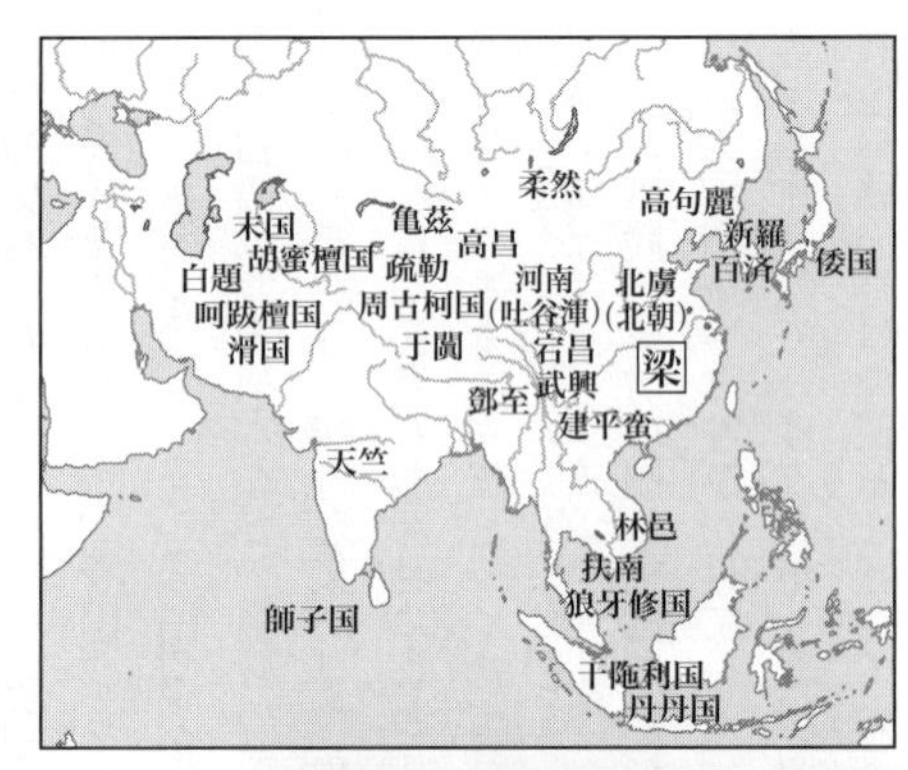

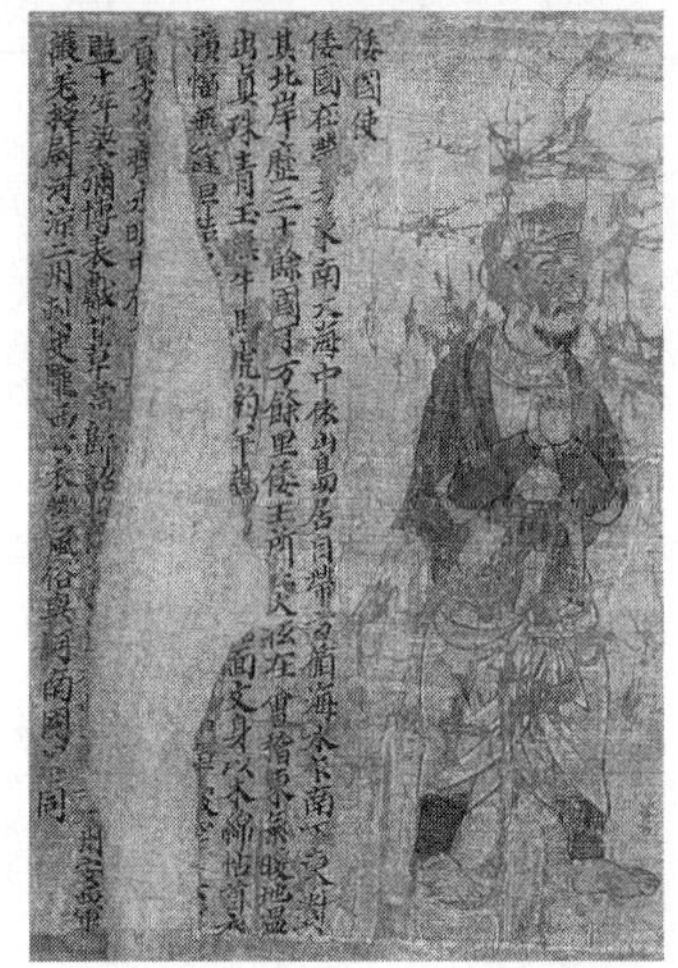

図12 「梁職貢図」に記された国々と倭国使

胡蜜檀国に限らず、五〜六世紀のユーラシア東方には仏教が広範囲に広まっており、各国間の外交関係にも大きな影響を及ぼした。中華王朝の側も、梁の武帝や隋の文帝、さらには武則天など仏教に傾倒する皇帝が登場したことも手伝って、仏教の力をむしろ積極的に利用するようになっていく。こののち仏教は、儒教に基づく冊封関係と並存し、ユーラシア東方の人的交流を下支えする大きな役割を果たし続けるのである。

古代倭国と東晋南朝

本節冒頭でも述べたように、日本列島の記録が中国史料から途絶える三世紀後半から五世紀初頭までの期間、国際情勢は激しく動いており、朝鮮半島では高句麗が楽浪郡・帯方郡を併合して(三一三)北半分を征圧し、南側は三韓諸勢力から新羅と百済が生まれて、三国鼎立に向かった。列島は巨大古墳の時代を迎え、半島との接触が盛んになる。各国間の衝突も増え始め、高句麗「広開土王碑」(五世紀初頭の建造)には、四世紀末以降の半島における倭の軍事活動が記されている。

半島三国のうち、高句麗は東晋南朝への朝貢を基本方針としていたが、五世紀からは西境に迫ってきた北魏への朝貢をも並行して行うようになる。百済は四世紀後半から東晋南朝に朝貢する一方、新羅は四世紀後半に前秦(華北)への朝貢を実施していた。

そして半島諸国からやや遅れ、五世紀になると倭国から中華王朝への朝貢が再開される。

その最初の記録である四一三年の讃による遣使は、当時敵対していた高句麗と同時に朝貢したとされており、高句麗の仕立てた偽使との説もあって確かなことがわからない。確実視されている最初の朝貢は、建国されたばかりの宋に送られた四二一年の使節である。

宋を建国した劉裕は、東晋時代の四一〇年に北方の南燕を滅ぼして、山東半島を勢力下に収めており、朝鮮半島と江南の間は、遼東・山東両半島間を介した海上交通で直接連絡できるようになっていた。つまり高句麗、およびそれに続く倭国の朝貢は、二〇〇年ほど前に孫権が活用したルートの再現でもあったのである。

倭国はこののち宋および南斉に対し、約六〇年間で一〇回ほど遣使している。その間一貫して倭国王の爵号を受け、冊封体制の下に身を置きつつも、その一方で、倭国および朝鮮半島の軍事指揮権を示す都督号や、被冊封者のランクを表す将軍号の高下をめぐって、宋や各国との間で外交戦を繰り広げた。

五王による朝貢の最終例とされる四七八年の使節を倭王の武が派遣した翌年、四七九年には宋から南斉への王朝交替が起こった。建国直後の南斉は、周辺諸国に対して爵号・都督号・将軍号を改めて授与し、冊封関係の更新を行ったのだが、その対象には武も含まれていた。四七九年の遣使が正史などに記録されていなかったため、このときの冊封は倭からの朝貢なしで南斉が一方的に行ったものとする見方がかつては有力だったが、上述した「梁職貢図」の二〇一一年に発見された模本の題記により、四七九年における倭国使の存在が証明されている。

この四七九年を最後に、倭国からの朝貢はまた途絶える。倭王権が不安定になったことや、北魏が山東を占領して南朝への朝貢船を阻害したことなど、その原因は内外さまざまな側面から推測されている。ただ南朝の梁は、その建国直後において倭国への冊封を朝貢なしで行っており、「梁職貢図」に倭国の記載があることも考え合わせると、倭国はなお冊封体制の一角として認識されていたようである。

倭国自身も決して内向きに偏していたわけではない。それは、六世紀に入ってからも朝鮮半島との関係を一貫して維持し、仏教やその他の文物を百済から積極的に導入していることからもわかるであろう。

三　六朝の貴族たち

貴族制社会の始まり

さきごろ日本の新元号「令和」が発表されたとき、『万葉集』巻五、梅花の歌三十二首の序「初春令月にして、気淑(よ)く風和(やわ)らぎ」が出典として紹介されたことで、古典に典拠を持つ造語の奥行きや面白みを、現代日本人が感覚レベルで味わうという近年まれな現象が見られた。

さらに、この出典の舞台となった大宰府での梅花宴が、王羲之(おうぎし)「蘭亭序(らんていじょ)」に描かれた東晋時代の曲水宴(きょくすいえん)に範を取っていること、上記の序が梁の昭明太子(しょうめいたいし)『文選(もんぜん)』に収録された張衡(ちょうこう)「帰田(きでん)賦(ふ)」の「仲春令月にして、時和らぎ気清し」を踏まえた表現であることなども、広く知られる

図13 「蘭亭序」神龍半印本(部分)

ところとなった。古代日本の貴族たちもまた古典に典拠を持つ言葉を踏まえつつ、それを自作の文脈に織り込むことで、叙景や抒情に生まれる重なりや膨らみを楽しんでいたのである。

六朝文化の典雅な世界は、古代日本の貴族たちの心をわしづかみにしていた。山水に恵まれた江南の自然を、古代以来積み重ねられた漢文の表現で詠み込んだ作品群は、国の違いを越えて彼ら・彼女らの胸に響いたのである(図13)。

こうした文化を育んだ六朝の貴族とは、どのような人たちだったのだろうか。ここまで述べてきたことも踏まえつつ、もう一度整理してみよう。

六朝時代は、寒門の新興武人層が軍功を背景に新王朝を創設する歴史を繰り返す一方、貴族・豪族が朝廷の高官を長く寡占し、短命な王朝を尻目に家運を維持しつづけた。

前章で述べたように、豪族の台頭は前漢後期に始まる。そして後漢になると、私有地を越えて地域一円に影響力を広げ「領主」に転化する可能性を持つような者も現れ始める。しかし彼らは、ついに領主にはなれなかった。一君万民体制の下にある農村では小農民のプレゼンスが大きく、小農民との合意なく一方的な領域支配を樹立することは、中国の豪族には不可能だったのである。

他方、豪族は国家との関わりにおいて、察挙制度を通じて官僚になることをめざした。これは勢力基盤の一半を国家権力に依存する、ということを意味する。西欧中世の領主層が保持した不輸・不入権のような、上級権力から自立した排他的権能を、彼らは持ち得なかった。

折しも中央政界で党錮の禁が発生し、逆風を受けた官僚たちが、数多く郷里に帰った。政治を私物化する宦官勢力を「濁流」と批判し、自らを「清流」と称した彼らは、大土地所有者ではありながら、一方的に領主化するのではなく、地域社会における輿論（郷論）の支持を集め、文化的威信に依拠することでその地位を保とうとした。このようにして形成された豪族勢力が、このの ち累代にわたって高官の地位を占め、家柄に箔を付けながら、六朝時代の貴族へと成長していくのである。

要するに、上は国家権力から与えられる官職に依存し、下は小農民を多く含む地域社会の輿論（郷論）に支えられる——中国特有のそうした「領主未満の中間層」に対し、中国史研究は「貴族」という名称を与えてきたのである。

九品官人法

では豪族たちはどのようにして、「世襲できないはずの官僚の地位」を維持したのか。そのからくりは、後漢最末期の魏王国で創設され(二二〇)、その後も受け継がれた官僚登用制度、九品官人法(九品中正制度)にある。

この制度では、全ての官僚ポストが一品から九品までの官品に格付けされる。官僚の登用は、各地に派遣される中正という官員が担うのだが、中正は地域社会の輿論(郷論)に基づき、有望な候補者を選んでランクづけする。ここで得たランクを「郷品」という。たとえば「郷品二品」と評価された場合、それは「この人物は最終的に二品官まで昇進が期待できる」という予測を含んでいた。そして郷品は初任官の格付けに直結しており、郷品から四等下った官職からキャリアを始める原則になっていた。つまり「郷品二品」の者ならまず六品官に任じられ、最高二品官まで到達できるという見込みで官歴を積んでいったのである。

ところがこの郷品の評価は、実は候補者個人の力量よりも、家柄で決まることが普通だった。王氏や謝氏のような門閥貴族の子弟は、自動的に「郷品二品」を獲得でき(一品は憚られており、郷品は通常二品が最高)、それ以下の郷品も家格で定まることが多い。つまり、郷品は家格を表す指標に転化してしまい、これが貴族の勢力を支えていくことになるのである。

この官制が定着するにつれ、百官の価値を決める指標として「品階の高下」のほかに「清濁の別」というものが生まれてくる。たとえば同じ五品官であっても、そこには「郷品五品を得た官僚がキャリアの最終局面で就任するポスト」と「郷品二品を得た官僚がキャリアの早い段階で就任するポスト」が同居している。前者は下級貴族出身の老いた官僚、後者は門閥貴族出身の若き官僚になるわけで、同じ五品官のなかでも違いは歴然としている。そして前者が「濁官」(卑しきポスト)、後者が「清官」(貴きポスト)と見なされるようになる。秘書郎(ひしょろう)・著作郎(ちょさくろう)のような文雅な非実務系ポストが清官とされ、業務繁多な実務系ポストはむしろ濁官とされたあたり、いかにも貴族的な価値観が表れている。要するに、総務部や経理部よりも、社内資料室付き・社史編纂室付きの方が出世ポストだったのである。

瑯邪王氏・陳郡謝氏を頂点とするこの体制には、反発も大きかった。宋以降に表面化する寒門層の台頭はその現れであり、梁の武帝の官制改革は、官僚体系を実務本位に再構成しようとしたものであった。

だが門閥貴族の権威は一朝一夕では揺るがなかった。王・謝ら最上級の門閥貴族(甲族(こうぞく))、それに次ぐ二流貴族(次門(じもん))、そして庶人出身の成り上がり(寒門)の区別は厳然として存在し、甲族層は皇帝一族との通婚さえ、家柄の違いを理由に拒否するほどだった(この場合、皇帝一族の方が卑賤視される)。宋の文帝期の徐爰(じょえん)や南斉の武帝期の紀僧真(きそうしん)のように、庶人から出世した皇帝側近が、門閥貴族から同席を断られたというエピソードも散見される。

しかし大勢としては、皇帝権力による貴族勢力の抑制、出自を問わず賢才を登用する方針への移行が、こののち隋唐時代にかけて徐々に進んでいく。六朝貴族が領主化を果たし得なかったことで、戦国以降に始まった一君万民体制は、断絶することなく清末まで続くことになる。

江南の開発――第一発展期

江南地方の開発は、六朝各政権が都を置き、中原から大量の人口が流入した結果、従来にないレベルで進展した。

中原からの移住民は行主(こうしゅ)と呼ばれる指導者に率いられ、本籍地での社会関係を保ったまま江南に居住した。僑州郡県が設定され、移住民が白籍に仮登録されたことは既述の通りである。江南のなかでも三呉(呉郡・呉興郡・会稽郡)と呼ばれる太湖周辺から杭州湾にかけての耕作に適した微高地には、すでに先住豪族の手が入っていた。北来集団のうち、この地域まで移住した者は、しばしば先住豪族のもとで私的隷属民となり、豪族が手がける開発の労働力となった。北来集団のなかにはまた、先住豪族の土地を避け、周辺部の広陵(長江北岸)や京口(長江南岸)、長江と淮水の間に居を構え、既存集団を維持したまま落ち着き先を得た者も多かった(彼らは北方防衛の面でも重視され、東晋における北府の主要戦力を構成した)。

このころの開発は、技術的限界から江南デルタの低湿地には及ばず、微高地や扇状地、山間部の方へ広がっていった。開発を下支えする水路や溜池、堤防などのインフラは、地方官が主導して造成した。施肥等、農業技術の進歩が見られ、水稲の年一作方式が広まり、麦作も導入された。六朝時代の江南農村を知るには、梁の宗懍が著した『荊楚歳時記』が恰好の史料で、このころ定着していた年中行事や生活慣行などが、歳時記の形式で描かれている。

微高地を中心に進められた以上のような六朝時代の状況は、江南開発の「第一発展期」ともいうべき段階に位置づけられるであろう。

大土地所有にはさまざまなパターンがあり、小規模の土地を分散的に集積する場合もあれば、田地のみならず周辺の山林藪沢まで囲い込み、巨大な荘園を形成する事例もある。山林藪沢からは鳥獣が採れ、果樹や魚を育て、炭や紙、陶磁器などの加工品を生産することもできた。貴族たちは荘園内に屯・伝・邸・冶等の名を持つ、採取・貯蔵・加工・販売の施設を設け、これらを販売して利益を得た。山林藪沢は、もともと皇帝権に帰せられるべき土地とされ、漢代であれば帝室財政を扱う少府という役所の所管とされていた。六朝期における私的土地所有の波は、そうした禁忌の空間にまで及ぶようになったのである。

山林藪沢で得た品々は広く流通したらしく、商品経済の波が社会を覆うようになる。しかし政府はこれにねらいを定めて銭納の流通税を課す一方で、自らは銅銭を発行しなかったため、既存の銭のみでは貨幣需要に応えることができず、偽造貨幣（私鋳銭）の横行を招いた。さらに梁の武帝が鉄銭発行に踏み切ったことは、貨幣制度の混乱に拍車をかけた。

他方、貴族の大土地所有に対しては、田土の制限(占田制)や山林藪沢の制限が試みられたが、抜け道が多く実効性はほとんど期待できなかった。田土や山林藪沢の占有、貨幣の私鋳などの動きからは、六朝時代における皇帝権の後退を見て取ることができる(ただし、小農民から大土地所有者まで、編戸はすべて戸調・田税・口税米など税の賦課対象になっている点が、不輸権を保持していた欧州・日本の荘園領主との大きな違いである)。

六朝文化

南北朝の分裂は、政治面のみならず、文化的な違いも拡大させた。魏晋南北朝史研究者の朴漢済(一九四六〜)が北朝を「胡漢体制」、南朝を「僑旧体制」と呼んだように、北朝では北方の遊牧文化(胡)と中原の漢族文化(漢)とが出会ったのに対し、南朝では中原の移住民文化(僑)に江南の先住民文化(旧)が邂逅している。土着文化と外来文化の結合という点では、南も北と同じなのである。

漢以来の学問的伝統を継承する学校として、東晋は建康に太学・国学を設けたものの、門閥の固定化で十分な効果を上げることができなかった。儒教一尊が崩れたことに伴い、三国時代に興った玄学(『周易』『老子』『荘子』の三玄を尊ぶ学派)は東晋南朝でも発展し、宋の文帝が設けた儒・玄・文・史の四学館においては、儒教から独立した学問分野と位置づけられるようになった。梁の武帝は太学・国学とは別に五経館を建て、同館の学生から官僚になる道を開いた。これは家格主義に絡められた九品官人法の人材登用に一石を投じることとなった。

儒教の相対化は、道教・仏教の興隆という面からも進んだ。道教では、陶弘景（四五六～五三六）が茅山（江蘇省）を拠点に活動し、茅山派（上清派）を大成した。梁の武帝の顧問としても活躍し、『真誥』など多数の書物を著した。

仏教は、南北朝を通じ、皇帝や貴族をはじめ幅広い階層に浸透した。法顕（三三七～四二二）がインドから海路で東晋に帰着し（四一三）、建康に来訪（五四八）した真諦（四九九～五六九）など多数のインド僧が訳経に従事するなど、海域経由の交流がつづいた。その一方で、外来宗教ということで、教義内容や国制上の処遇などをめぐり、排外論者の攻撃にさらされつづけた。仏僧に皇帝への礼拝を求めるか否かをめぐる論争はしばしば大きな問題となったが、「国家仏教」化に向かった北朝に比べると、南朝では廬山（江西省）の慧遠（三三四～四一六）など国家からの自律性を主張する立場が強かった。

貴族の教養と江南の自然の融合、という六朝文化の特性を遺憾なく表しているのは、書画詩文であろう。東晋の王羲之（三〇三～三六一）・王献之（三四四～三八六か三八八）父子は書道芸術の開祖というべき存在。絵画の顧愷之（三四八～四〇九）は人物画（女史箴図）や寓意画（洛神賦図）、山水画（廬山図）など多岐にわたる作品を描いた。東晋末から宋にかけて活躍した陶淵明（三六五〜四二七）・謝霊運（三八五〜四三三）は、それぞれ「帰去来辞」「山居賦」など江南の豊かな自然を謳った詩文を数多く残した。梁代になると昭明太子『文選』など詩文の名品を集めたアンソロジーや、文学論の草分けともいうべき劉勰『文心雕龍』が編纂されるようになる。こうした文化が、古代日本にも絶大な影響を与えたことは、本節冒頭でも述べたとおりである。

中華の正統

六朝期とは、「中原に遊牧系の政権ができるなか、江南の人びとが中華文化の継承者を自認する」という構図が史上初めて生まれた時代である。この構図は分裂時代の南北朝や金・宋時代のみならず、統一時代の隋唐や元・清にも観察できる。「北の政治的・軍事的優位に対し、南が経済・文化で対抗する」と言い換えれば、近現代にまで当てはまる構図にもなるだろう。

「軍事的優位者に対抗し、文化的な正統性に依りどころを求める」という図式は、中世以降のキリスト教世界におけるローマ教皇とローマ皇帝（等の世俗権力）の関係、イスラーム世界のカリフとスルタンの関係、日本の天皇と幕府の関係など、古今東西に見られる。ただ、軍事権力側が形式のうえで上位に立つ中国のようなパターンは少数派であり、中国において文化を担う士大夫の軍事力保有者に対する振る舞い方は、そのぶん非常にデリケートなものとなる。

六朝期の場合、こうした対抗図式が、皇帝(武)と貴族(文)の間にも、北と南の間にも見られたわけで、事情はさらに複雑だった。前者の関係については貴族制のところですでに述べたので、ここでは後者に注目してみよう。

前述のように、東晋南朝は中原回帰の国是を次第に転換し、「江南政権化」の道を歩み始める。ただ江南政権という現状を肯定するとしても、「中華王朝としての正統性」を北と争う関係上、「地方政権」に転落してしまうわけにはいかない。

そこで、自らを「古典国制」の継承者と位置づけるための工夫が、さまざまにこらされていくことになる。

まず重視されたのは周辺諸国との関係づくりである。特に東南アジア諸国や朝鮮半島諸国、倭国など、海域を経由して接触できる国々に朝貢を促し、これらを冊封していくことで、中華天子としての体面を守ろうとした。

江南にいながらにして天下に君臨するためのもう一つの手立てが、首都の王畿化(四五九)と礼楽制度の創造だった。礼楽(儀礼と音楽)のあり方は東晋時代においても盛んに議論されたが、戦時体制のなかで漢魏以来の伝統継承は困難になっていた。そこで宋の孝武帝は、儀礼は主として後漢の制度に基づき、音楽(雅楽)は江南音楽を一部参照しながら、新たな礼楽制度を創造したのである(五六頁参照)。

そしてこの制度は、梁の武帝のときに『周礼』など儒教の古典との整合が進められる。かくして梁は、「江南の辺境性」を乗り越え、伝統に照らして恥じるところなき正統的中華王朝として、自らを位置づけることに成功したのである。

武帝はまた、宗廟・社稷、南郊・北郊等の儀礼施設を整え、それ以外の宮殿諸施設や仏寺の建設も積極的に進めて、国都としての威容を強化した。このころ建康郊外には貴族たちの邸宅や別荘があまた設けられ、都市圏域は周辺まで拡大して、人口百万を超えていたという推計もある。呉や東晋初期に地方都市として始まった建康は、「天下の中心」として六世紀を代表する世界都市へと変貌したのである〔図14〕。

図14　東晋時代の建康城

六朝の歴代政権が掲げた「古典国制の継承」は、その中身を仔細に観察すると、三〜四世紀の戦乱のなかで一度断絶し、南朝時代に再建された「創られた伝統」という面を実は多分に含んでいた。しかし古典との連続性という外形を曲がりなりにも整えた南朝の礼楽制度は、そののち北朝においても模倣され、隋唐にも継承されることになる。

南朝文化が北朝に大きな影響を与えるきっかけとなったのが、北魏の孝文帝が五世紀末に推進した漢化政策である。孝文帝は平城（山西省）から洛陽に遷都するにあたり（四九三）、南斉に派遣した使者に建康の構造を詳しく観察させ、それに基づいて洛陽城の改造を行ったという。また王粛・劉昶ら著名な南朝知識人の亡命が相次ぎ、彼らが改革に参与したことで、宋・斉の儒教解釈が北朝にも大幅に採用されるようになった。宮廷音楽の制度も、南朝で創造された雅楽が、後梁の沈重を通じて北周にもたらされ、隋に至るまで楽制の基礎となっている。

南北間の文化的隔たりを架橋するこのような動きが積み重なり、こののち天下は少しずつ統一に向かいはじめるのである。

四　隋唐帝国と江南

煬帝の江南傾倒

六〇〇年、倭国は倭王武以来、約一二〇年ぶりの使節団を隋に派遣した。倭国にとって、北朝系の王朝に朝貢する史上初めての経験だった。

このとき遣隋使に引見したのが、陳を滅ぼし、南北統一を達成して間もない文帝（在位五八一～六〇四）である。文帝は、首都の大興（長安）を中心とする関中地方重視の姿勢を鮮明にしており、無主の城となった建康を徹底的に破壊した。捕らえられた陳の皇帝（後主）は長安で命を長らえ、その優美な詩作を北方に伝えたが、廃墟となった建康は小規模都市に転落してしまい、次に輝きを取り戻すのは一〇世紀、五代十国時代の南唐を待たなければならなかった。

ところが文帝を継いだ煬帝（楊広。在位六〇四～六一八）は、父とは正反対に、江南の風土と文化にのめり込んだ。彼は即位以前、陳討伐軍の総司令官として建康の接収を監督し、父に破壊される直前の建康をその目で見た。その後も揚州総管を一〇年あまり務めて江南の文人・知識人たちと交流し、とりわけ旧南朝の名族、虞世基（?～六一八）を重用している。

しかも彼の妻蕭氏（五六七～六四七）は、後梁の二代皇帝、蕭巋の娘である。後梁とは、侯景の乱ののち南朝情勢が混乱するなか、西魏が梁の岳陽王（蕭詧）を擁立して江陵に建設した傀儡国家である（五五頁参照）。梁陳革命を認めず、後梁を南朝の正統とする西魏の方針は、そののち北周・隋にも継承されていた。楊広と蕭氏が結婚したとき後梁はなお存続していたから、二人の婚姻は南北の統一を血統の面から図るものであった。ちなみに楊広の兄で、皇太子だった楊勇は西魏の末裔である元氏の娘を妃に迎えている。

楊広は、梁の武帝や昭明太子の血を引き、江南文化を一身に体現する二歳年上のプリンセスに強く惹きつけられ、江南の口語を彼女から学び、南朝風の宮体詩を愛好するようになる。六〇四年に即位してからも、揚州に建てた離宮（江都宮）にしばしば行幸した。そして父の代に始まった大運河の建設を継承し、西は大興、南は杭州、北は幽州（北京）に及ぶ巨大な領域を水運で結合するという大事業を推進する。

煬帝はまた、漢魏洛陽城の西約一〇キロの地点に新たな洛陽城を造営する（六〇五）。この都城は宮城・皇城・禁苑・外郭城など外形面では北方風のデザインを採用しつつ、今はなき建康風の園林文化が大幅に取りいれられ、山水を巧みに織り込んだ優美な都市景観が現出された。隋唐洛陽城は、南北融合を象徴する都として構想・建設されたのである。

しかし、隋の天下は長続きしなかった。大運河の建設や三度にわたる高句麗遠征が社会を疲弊させるなか、煬帝はそのことに背を向けるように江都宮に引きこもり、最後は側近の刃を受けて非業の死を遂げるのである（六一八）。主を失った隋の命運は事実上ここに尽き、各地で軍閥の割拠する乱世が再び出現する。

他方、夫を失った蕭氏は、孫の楊政道をともなって北へ逃れ、東突厥（テュルク帝国）に身を寄せる。隋の宗室から東突厥のカガンに嫁いでいた義成公主（?～六三〇）を頼ったのである。ここに南朝（梁）のプリンセスにして北朝（隋）のクイーンでもある蕭氏と、北朝（隋）のプリンセスにして遊牧（東突厥）のクイーンでもある義成公主が手を組み、遊牧カガンの後援によって中

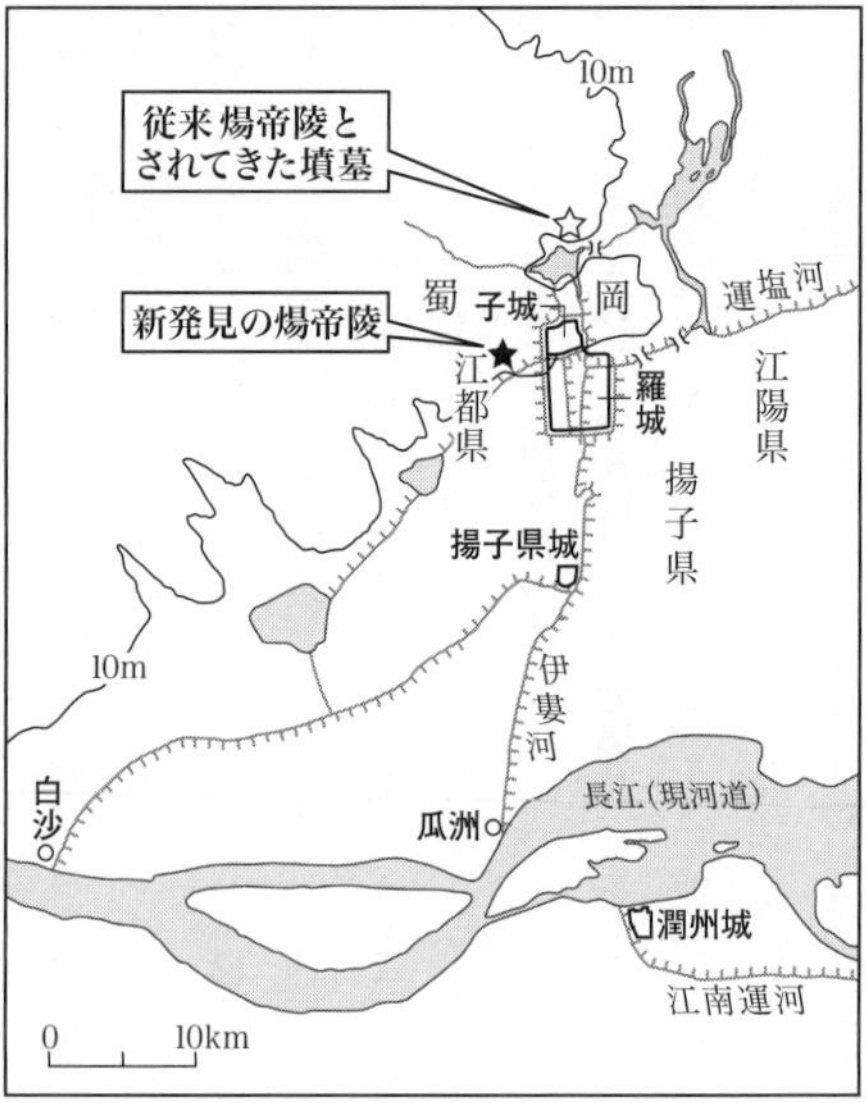

図15　唐代の揚州城とその周辺

華のプリンス（楊政道）を押し立てる「復隋運動」の態勢が成り、建国当初の唐を揺さぶることになる。しかしこの大構想は六三〇年、唐の太宗の東突厥征圧によって夢と消え、蕭氏は唐に引き取られて、天寿を全うした。そしてその遺骸は、煬帝のこよなく愛した揚州の地に戻され、夫とともに葬られたのである。

この夫妻の合葬墓が揚州市曹荘（そうしょう）の建設現場で発見され、注目を集めたのは、二〇一三年だった。二つの墓室で発見された墓誌や遺物から、ここが煬帝墓であることは確実とされる。同じ揚州市の槐泗（かいし）鎮には清後期の考証学者、阮元（げんげん）によって「隋煬帝陵」とされ、保護されてきた墳墓があるのだが、その比定が誤りであったことも合わせて解明されたのである〔図15〕。

唐帝国と江南文化

煬帝暗殺ののち、各地で群雄が並び立つなか、江南では名族の沈法興が陳の復興を唱えて自立した。長江中流域では、後梁の末裔、蕭銑が梁の復興を標榜して割拠した。他にも大運河沿線の東方地域には数多くの軍閥が興起し、さながら秦末動乱のごとき状況が生まれかかったが、今次も秦末と同様、関中をいち早く占拠した勢力、すなわち李淵が統一戦争を勝ち抜き、唐を樹立して(六一八)、長期政権を構築する。この間、沈法興は軍閥間抗争のなかで落命し、蕭銑は唐の趙王(李孝恭)によって征圧されている。

図16　大運河(江蘇省揚州市)

唐の江南経営は隋に続いて揚州を拠点に行われ、建康は小都市に留め置かれた。洛陽で発見された唐の穀倉(含嘉倉)跡からは、穀物を納入した地域名を刻した甎(レンガ)が見つかっている。そこには江南、淮南、河南、河北の地名が多数刻されており、大運河沿線の地域が流通の大動脈だったことをうかがわせる(図16)。

江南文化は、唐にも大きな影響を及ぼした。その顕著な現れが、二代太宗(在位六二六～六四九)の「王羲之愛」であろう。「蘭亭序」の真跡は、太宗が江南の所有者を言いくるめて入手し、自らの陵墓(昭陵)に副葬したといわれているが、真相は闇に包まれている。

儒教(経学)は、南朝で継承されてきた義疏学の形式と解釈に基づいて統合が進められ、孔穎達『五経正義』のもとで体系化された。隋唐以降にはじまった科挙は、同書の解釈を基準に出題されたため、その解釈が全国の士大夫に広く共有されるようになった。

史学では、太宗の時代に南北朝後期の正史『梁書』『陳書』『北斉書』『周書』『隋書』『南史』『北史』および『晋書』が次々に編纂された。これらは南北両朝がいずれ統一されることを念頭に編纂されており、北斉が編纂した『魏書』が南朝を「島夷」と呼び、梁が編纂した『宋書』『南斉書』が北朝を「索虜」「魏虜」と呼んで、それぞれを蔑視していたのとは対照的である。

唐帝国の「南朝化」

隋唐両朝の下で完成された法制や礼制は、北朝(とくに北魏・北斉の制度)のみならず南朝(とくに梁・陳)の制度をも組み込んで、再構築されたものだった(第一巻第六章)。

他方、江南地方の政治的立場は、被征服地ということもあり、決して恵まれたものではなかった。唐初の政権は、唐朝の母体となった関隴貴族、北朝に君臨していた山東貴族、南朝由来の江南貴族で構成されたが、江南貴族で政治の中枢に上った人物は、決して多くない。唐初の宰相にして後梁明帝の子（隋の煬帝の蕭皇后の弟）蕭瑀や、書道の初唐三大家のひとり虞世南（虞世基の弟）、太宗に仕えた岑文本を数えるくらいである。政治的事件にしても武則天（在位六九〇〜七〇五）に対する李敬業の乱（六八四）、越王貞の乱（六八八）が起きている程度である。

農業開発の面でも、六朝期（第一発展期）の伸びは唐前期には一時停滞しており、目立った技術革新もみられない。江南デルタの低湿地まで開発の手が伸びるのは、唐代中期以降の「第二発展期」（八八頁参照）を待たなければならなかった。

旧南朝地域が、律令に基づく一元的な行政体系下に制度上組み込まれていたことは間違いない。ただし、現実問題として一元的な統治がどこまで貫徹していたかは、また別問題である。租調役が課されていたことは確かだが、江南の租は布（麻布）で代納され、しかも資産等級（戸等）に応じて納入額に差を付けることが定められていた。唐において「貧富に関係なく一律に粟二石」と定められていた租の本来規定からは大きく逸脱する運用である。また兵役のうち、江南の民に課されたのは一生に一度就くか就かないかの防人のみで、府兵義務とは縁がなかった。

北朝由来の田制や税役制度は、一般農民に対する一律の田土支給と税役賦課を規定しており、貴族の大土地所有を前提に設計されてきた江南社会には馴染みにくい。上記のような「運用面での融通」が垣間見えるところから考えても、二七〇年間別の道を歩んできた江南の支配は、柔軟に行われた面があるのだろう。

唐代中期、内外の情勢が混迷を深めるようになると、唐朝は北朝起源の原則を転換し、貧富の差を前提とした兵制・税制、すなわち募兵制と両税法を採用する。魏晋南北朝隋唐史の大家、唐長孺（一九一一～一九九四）はこうした変化を「唐の南朝化」と呼んだ。被征服者となった南朝の遺産は、隋唐帝国のもとでも実はしぶとく生き残り、国制においても、また文化においても、唐代中期以降ふたたび歴史の表に顔を出す、という理解である。

隋唐両朝の海上展開

長安に拠点を置く隋唐両朝は、陸路（オアシスの道）を介した東西交流を活発化させた点がしばしば強調される。しかしその一方で、南朝の遺産を継承して海域世界との外交・通商関係も成立させている。六〇〇年に再開される倭国の使節派遣は、そうした状況のなかで行われたものだった。煬帝は外交に積極的で、林邑など東南アジア諸国に朝貢を呼びかけ、朝貢に応じない「琉球」（台湾か）には遠征軍を派遣した。

この時期、ユーラシアの東には隋唐、西にはイスラーム帝国（ウマイヤ朝・アッバース朝）が出現して東西交易が安定し、海上ルート沿いに当たる東南アジアの諸港市も発展した。七世紀半ばには、スマトラ島にシュリーヴィジャヤ(室利仏逝)が成立し、マラッカ海峡の要所を押さえて栄えた。この地には、唐の仏僧義浄(六三五～七一三)が七世紀後半に滞在し、『南海寄帰内法伝』を著している。このシュリーヴィジャヤや中部ジャワのシャイレーンドラ朝など、東南アジア諸国が、七世紀から唐への朝貢を行っている。

倭国は第一回遣使以降、二〇年弱の間に五度、隋に朝貢している。唐に対しては六三〇年の朝貢再開後、やや間を空けて朝鮮半島情勢が緊張し始めた六五〇年代に遣使を本格化させている。このころの半島情勢は、新羅が唐と結び、高句麗が百済と連合するという図式で推移し、倭国は四世紀から連携してきた百済をひきつづき後押しした。

唐の三代高宗の時代(在位六四九～六八三)になると、新羅が唐との連携を強化して他国を圧するようになり、最後には唐の影響力も排除して、半島に統一政権を樹立する。倭国は白村江での大敗(六六三)で半島における拠点を失い、朝貢使節の派遣も約四〇年間、中断せざるを得なくなるのである。

第三章　江南経済の起動——唐から宋へ

范仲淹像(南京博物院)

一　運河と海

揺らぐ唐帝国

七〇二年、粟田真人(あわたのまひと)一行が東シナ海を越え、唐土に歩を印した。白村江の敗戦以降、ほぼ四〇年近く途絶えていた朝貢の再開だった。その間、都城の建設(藤原京)、律令の制定(大宝律令)、天皇号の創設など、新体制を構築しつつあった政権が、「日本」を号して初めて臨んだ外交事業として、このときの遣唐使は特筆される。

こののち百年余りの間に、吉備真備(きびのまきび)や阿倍仲麻呂(あべのなかまろ)、二〇〇四年に墓誌が出土して一躍「時の人」となった井真成(せいしんせい)、最澄(さいちょう)・空海(くうかい)など、現代日本人にもおなじみの面々が次々と唐に渡った。この期間は、折しも唐が「開元(かいげん)の治」と呼ばれる全盛期を挟み、上昇から下降へ転じる時期に当たる。彼らが目にした唐の盛衰とは、どのようなものだったのだろう。

半世紀に及ぶ玄宗(げんそう)(在位七一二〜七五六)の治世のうち、前半三分の二を占める開元年間(七一三〜七四一)は、本シリーズ第一巻で述べられたように『大唐六典(だいとうりくてん)』が編纂され、「古典国制」の再建が進められた時期である。

また開元年間は、首都長安の栄光時代でもあった。この少し前、七世紀中葉～八世紀初頭の期間、長安はその地位と繁栄を副都の洛陽に脅かされていた。水運に不便な長安は物資不足を起こしやすかったため、朝廷を丸ごと洛陽に引っ越しする東都就食がしばしば行われたことに加え、武則天が洛陽に常駐し、「女帝の都」としてさまざまな舞台装置を設営したことが、その背景にあった。

開元年間に長安が再浮上したポイントは漕運、すなわち江南の富を大運河経由で長安に送る仕組みが、裴耀卿によって改革されたことにあった（七三四）。これにより洛陽～長安間の物資輸送は格段に円滑となり、東都就食も不要になった。こののち玄宗は、城内に新築した興慶宮と郊外リゾートの華清池を往復し、人生後半に巡りあった楊貴妃（七一九～七五六）との長安暮らしを謳歌するようになった。李白（七〇一～七六二）が詩に詠み、石田幹之助（一八九一～一九七四）が名著『長安の春』で活写したのも、甦った長安の姿だった。

しかし繁栄の陰では、暗雲もちらつき始めていた。編戸の農民が本籍地を棄て流民化する逃戸問題が深刻となり、編戸の生産物（租調）と労働力（歳役・雑徭・府兵・防人）を基礎とする古典国制に綻びが見え始めたのである。七二一～七二四年に宇文融が逃戸の再把握（括戸）を進めたことで租調役制は虎口をいったん脱したものの、府兵・防人制の方は、突厥との関係緊迫という新事態にも直面して存続困難となる。そこで専従兵士を雇用する募兵制が禁軍（近衛軍）・辺境軍の双方で導入され、後者を指揮する節度使というポストも新設された。節度使を頂点とする辺境防衛には、敵情に詳しい蕃将（非漢族の将帥）がしばしば起用され、とりわけソグドと突厥の血を引く安禄山（七〇三？～七五七）が范陽・河東・平盧の三節度使を兼ねて、大きな軍事力を掌握するようになった。

他方、宮廷内の権力構造にも変化が起こった。玄宗の治世前期、国政の主導権は古典国制の担い手たるべき士大夫たちが（貴族出身系と科挙出身系との争いをはらみつつも）握っていた。ところが中期以降になると、宗室の李林甫や外戚の楊貴妃一族、宦官高力士など、私的な恩寵勢力が力を持つようになっていく。とりわけ楊貴妃への寵愛と楊国忠（楊貴妃の再従兄）の専権はそのピークであり、楊国忠による安禄山排除の試みが両者の対立を引き起こして、ついには安史の乱という大破局をもたらすのである。

再建の試み

七五五年、安禄山とその継承者史思明が起こした安史の乱は、中国史上屈指の大転換点だが、その歴史的意義については本シリーズ第三巻で広い視野から詳しく述べられる。ここでは本巻の守備範囲、唐代後期の内政に絞って、乱後の展開をたどっておこう。

反乱が七六三年に平定されると、当初は辺境のみに配された節度使が、治安維持のため内地にも数多く置かれるようになる。節度使はしだいに任地に根を下ろし、軍閥化して、唐朝を脅かす存在となった。これを藩鎮と称する。なかでも河北の三藩鎮（盧龍・魏博・成徳）と河南の二藩鎮（平盧・淮西）は反抗的であり、任地の税収を私物化して、事実上の自立勢力と化していく。

この間、唐朝も指をくわえて事態を眺めていたわけではない。戦禍が及ばず、無傷のまま支配下にあった江南の経済を再建に生かす手立てが講じられ、実を結んでいくのである〔図17〕。

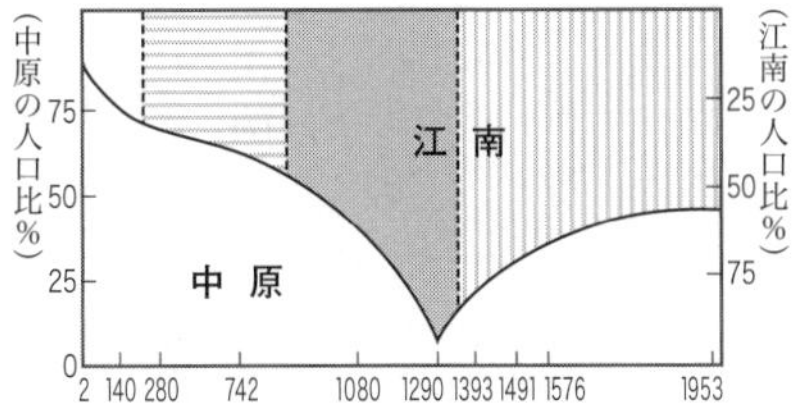

図17　人口分布の南北比

きっかけをつくったのは、七五八年に第五琦が始め、のちに劉晏が改良した塩の専売だった。専売塩に間接税を課し、官用物資を大運河で送るのに要する膨大な輸送コストをその税収でまかなう方式が採用されたのである。

人は塩なしでは生きられない。しかし塩は、海や塩湖でしか採れない。だから内陸に住む多数の農民にとって、塩は買って入手するものだった。塩の税率は非常に高く、原価の三〇倍を超えることもあったが、必需品ゆえ買わざるを得ない。権力側にとっては高水準で安定的な収入が見込める魅力的な財源であり、塩税は歴代王朝を支える基幹税目へと成長していく。

直接税も大きく変わった。租調に代わる新税として、両税法が七八〇年に導入されたのである。編戸農民に均等に課された租調と異なり、両税は貧富に応じて負担の差をつける点が最大の特徴で、銅銭（もしくはそれと等価の布帛）と穀類の二本立てで徴収された。江南の生産物は、両税法・塩専売・漕運制度という徴収から輸送の各段階をカバーする新体制によって、安定的に北送することが可能になったのである。

兵制の再建も進められた。形骸化した諸衛（南衙禁軍）に代わり、皇帝直属の護衛組織だった北衙禁軍、なかでもその一部隊の神策軍が禁軍中枢の地位を獲得したのである。同軍は宦官の手で運営されることとなり、これ以後、禁軍は皇帝の私兵という性格を強めていった。

九世紀初頭、憲宗（在位八〇六～八二〇）が反抗的な藩鎮を征圧し、節度使の軍事権・財政権を削減して、「元和中興」と呼ばれる治世を実現するが、その背景にはこうした軍事・財政両面の成果があったのである。

江南の開発——第二発展期（その一）

唐の後期、最も栄えていた都市は揚州だった。隋の煬帝の寄寓を機に発展しはじめたこの都市は、唐代後期に漕運制度が拡充すると、江南の富を集積・転送する中継基地としてさらに重要度を増す。その繁栄ぶりは「揚一益二」（揚州が一番、益州が二番）と称されるほどだった。

その基礎となったのが、八世紀以降に加速した農田の開発である。江南デルタでは、微高地への塩潮浸入を防ぐために堤防・水路等のインフラが整備され、低湿地にも開発の手が及びはじめた。早稲と晩稲を地形や気候に応じて使い分ける技術も広まりはじめた。

このの ち宋代にかけ、江南の開発は、六朝時代には未着手だった「低湿地の耕地化」という新たなステージ、第二発展期へと進んでいくこととなる。

江南に赴任する地方官も開発に力を尽くした。たとえば白居易（七七二〜八四六）が杭州に赴任したとき取り組んだ西湖の水利は有名で、その経験は「銭塘湖石記」という文章にまとめられている。

江南の発展は、文化にも波及する。白居易が「最も憶うは是れ杭州」（「憶江南」その二）と懐古しているように、豊かな江南の水景は、訪れる士大夫たちの心をとらえた。さらに南方、当時まだ開発があまり及んでいなかった華南で人生の大半を過ごした柳宗元（七七三〜八一九）も同様であり、左遷の地、永州（湖南省）で詠んだ「江雪」など、逆境を通して詠じた山水描写の作風は、後に多くの共鳴者を生み出すこととなる。

日本から渡唐した使節たちは、このころ東シナ海を横断して江南を目指すルートを用いていたから、こうした江南の活況を目にしただろう。遣唐使の本隊は揚州から長安へ向かって北上したが、仏僧の一部は求法のため南下し、天台宗の総本山、天台山国清寺（浙江省）を目指した〔図18〕。特に比叡山からは最澄をはじめ多くの僧たちが同寺を訪れ、勉学に励んだのである。

図18　天台山国清寺（1922年頃）

その一人、慈覚大師円仁（七九四～八六四）は、国清寺に達することこそかなわなかったものの、山東から五台山（山西省）、長安を歴訪して、九世紀半ばの中国社会を体感した。都合一〇年にわたる見聞を記した『入唐求法巡礼行記』は不朽の紀行文学とされている。

円仁はその道程において、山東地方に拠点を持つ新羅商人から何度も支援を得ている。この付近の海域は、新羅商人張保皐（張宝高。七九〇頃～八四六頃）の指揮下で活況を呈しており、日本の使節や商人も彼らと連携して、海上活動を実現していた。

他方、南シナ海には七世紀以来、西アジア出身のムスリム商人が顔を現しはじめ、東南アジアからインド洋を結ぶ交易ルートを着実に広げていた。『シナ・インド物語』のような商業指南書も作成され、ペルシア湾から中国に至る交易圏各地の地理や慣習など、さまざまな情報が海商たちの間で共有されるようになった。

つまり九世紀には、海上の交易路がアジアの東西を貫いて活発化し、さまざまな物産や文化が民間ベースで行き来しはじめていた。これは日本も例外ではない。『源氏物語』や『枕草子』を少し読めば、大宰府経由でもたらされる珍奇な唐物（工芸品や香木など）や『白氏文集』『文選』

などの詩文に、平安貴族が熱狂する姿を容易に発見できる。

こうした情勢を踏まえれば、「九世紀末の遣唐使の廃止により、日本文化は独自色を強め、国風文化に移行した」という理解がきわめて一面的であることがわかるだろう。遣唐使廃止はむしろ「民間交流が定着し、文物・情報が安定的に入るようになったことで、高コストの朝貢使節派遣を続ける動機が失われたため」なのである。ユーラシア全体をおおう「海の時代への胎動」から、平安日本が背を向けていたわけでは決してなかった。

動乱のきざし

元和中興をなしとげた英主憲宗は、ささいなことから側近の宦官に恨まれ、その手にかかってあえなく落命した。これ以後、宦官は権力をわがものにし、皇帝の廃立さえ思うままに行うようになる。唐末の宦官楊復恭（ようふくきょう）の「定策国老（ていさくこくろう）、門生天子（もんせいてんし）」（国策決定の中枢にいるのは宦官で、天子はその弟子に過ぎない）という豪語に、彼らの強盛ぶりがよく現れている。

彼らの力の源は、神策軍の武力と内庫の富力にあった。内庫は皇帝の私的財庫で、百官が個人として皇帝に贈った献上品（進奉（しんぽう））などを集積し、収蔵品を皇帝の恩典として下賜することもしばしばあった。つまり内庫は、互いに「帮の関係」を持ちたい皇帝と士大夫とを仲立ちするものであり、宦官はその管理を通じて力を振るったのである。

宦官の専権はただ放置されていたわけではなく、士大夫たちが武力を用いて巻き返しを図ることもあった。しかし、クーデタ計画が寸前で露見し、未遂に終わった甘露の変（八三五）をはじめ、反宦官の動きは結局常に押さえ込まれた。

事がうまく運ばぬ最大の原因は宦官の軍事力にあったが、士大夫たちが一枚岩でなかったこともその一因だった。八二〇年代から八四〇年代ころ、彼らは派閥間の足の引っ張り合いに血道を上げていた。牛僧孺派と李徳裕派による、いわゆる牛李党争である。各派を結びつけていたのは、科挙合格時の試験官と受験生の関係、あるいは科挙の同年合格者の縁などであった。これまた一種の「帮の関係」である。

基層社会も流動化しはじめた。九世紀初めの地理書『元和郡県図志』に記載された戸口数が、玄宗時代の三分の一ほどに減っているのは、それを如実に物語る。つまり人口流出が深刻化したのだ。流出した人びとの受け皿になったのは、軍隊（禁軍や藩鎮）、流通業、さまざまな秘密結社などであったが、ひとたび無頼化したアウトローたちは、国家機構であれ、民間団体であれ、しばしば受入先の攪乱要因となっていく。

とりわけ各地の藩鎮は、配下の親衛軍（牙軍）や地方基地（外鎮）に多くのアウトローを雇った。また藩鎮が独自に組織した文官機構には、科挙の定着とともに増加した各地の知識人層をスカウトした（これを「辟召」という）。節度使のなかには、部下のなかでも特に信頼する者やその子弟を養子(仮子)にして、側近集団を形成する慣習(仮父子結合)が広まった。たとえば、唐末の群雄でのちに前蜀を建てる王建は一二〇人の仮子を養っていたという。

九世紀中期になると、こうした諸勢力に起因する混乱が顕わになる。浙東の裘甫の乱(八五九)、徐州の龐勛の乱(八六八)といった騒擾が各地で続発するようになり、さらに八七四年に山東で始まった黄巣等の乱が、南は広州から、北は洛陽・長安までを含む広い範囲に戦火を広げたのである。こうした反乱の多くは、本籍地から逸脱したアウトローたちを、藩鎮や塩の密売集団などが吸収し、膨れあがったものであった。

要するに、唐朝の威光が衰え「一君万民原理を掲げる国づくりの論理」の箍が緩んだこの時期、士大夫や宦官、藩鎮、さらには反乱に身を投じたアウトローたちも、みな「帮の関係」を拡張し、それに依存することで、生き残りを図るようになったのである。

黄巣の乱を決着に導いた(八八四)のは、反乱軍の部将朱全忠の唐朝への帰順と、突厥系の沙陀族の首領李克用(八五六〜九〇八)率いる騎馬軍団の軍事力だった。その軍功により、「船の世界」から身を起こした前者は汴州(開封)の、「馬の世界」を牽引する後者は并州(太原)の節度使にそれぞれ任命され、その後の政局においてしのぎを削っていく。

政争は朱全忠の優位で進んだ。彼は権力掌握の過程で宦官と門閥貴族の大虐殺を行い、唐代史の主役だった両勢力を政治の舞台から退場させた。そして九〇七年、彼は唐の昭宣帝に迫り、ついに帝位を簒奪する（太祖。在位九〇七〜九一二）。唐帝国三〇〇年の命脈はここに尽き、梁（後梁）が建国されたのである〔図19〕。

ポスト唐帝国のゆくえ

唐滅亡後の約半世紀、中原では五つの短命王朝が興亡し、周辺では十余りの軍閥が割拠する乱世が続く。前者（後梁→後唐→後晋→後漢→後周）を正統と見なし、後者のうち一〇カ国（呉・南唐・前蜀・後蜀・南漢・楚・呉越・閩・荊南・北漢）をこれに次ぐものとして、この時代を五代十国と呼ぶのは、北宋・欧陽脩（一〇〇七〜一〇七二）撰『五代史記（新五代史）』の着想に由来する。

諸国はその内部編成に注目すると、二つに大別できる。

第一は、沙陀族に率いられた後唐・後晋・後漢・後周および北漢など、精強な騎馬軍団を擁する「馬の世界」の遊牧系諸国であり、山西や河北を拠点に台頭した。第二は、朱全忠・銭鏐・王建・馬殷・楊行密・王審知・劉隠・高季興など、群盗・塩賊・賤民のようなアウトローを開祖とする「船の世界」の国々であり、大運河や長江の流域、東南沿海域に勢力を広げた。藩鎮や流通業が流民の受け皿となり、こうした政権へと成長したのである。

これらのなかでも、とりわけ特徴的な国づくりをしたのが呉・南唐と呉越だった。

呉は楊行密が群盗を集めて建てた政権であったが、その後、実力者の徐知誥が帝位を奪うと、国号を唐（南唐）に改めた。大唐の後継者を自認するこの国は、淮南塩という大きな経済基盤にも支えられ、その名にふさわしい文化国家へと変貌を遂げる。元宗（李璟）と後主（李煜）は詞の名手であり、絵画の董源らもこの国で育った。隋の文帝による破壊以降、地方小都市に落ちぶれていた金陵（南京）に都を置き、六朝以来の繁栄を取り戻した点も重要である。

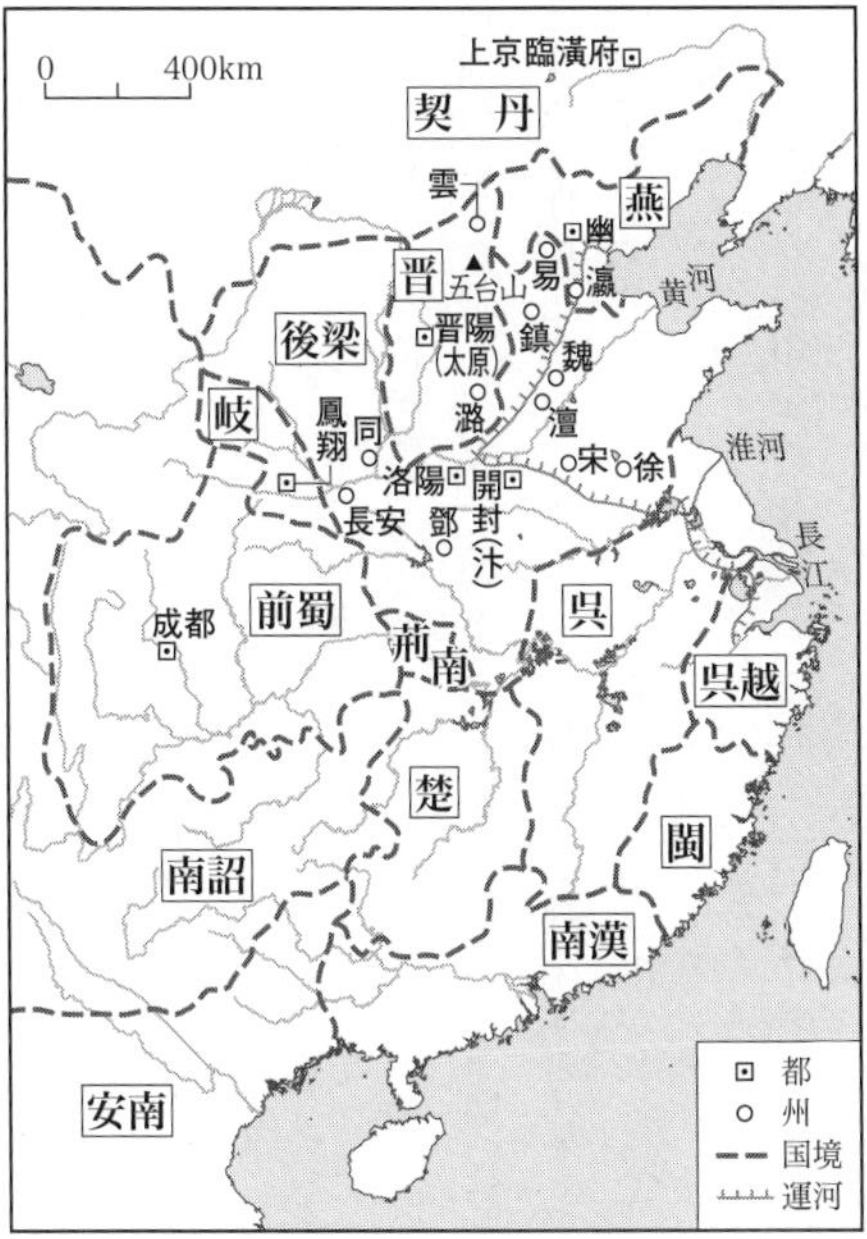

図19　五代十国の諸勢力

浙江の呉越は表向き中原王朝に服属する一方で、海の交易に活路を見出し、日本や高麗、契丹（キタイ）、さらには東南アジアまでネットワークを広げて、さながら海上王国の様相を呈していた。国内では銭塘江の治水を進めて農田を開発し、首都杭州や海港明州（寧波）を拡張整備するなど、生産・流通の両面で後世に大きな歴史的資産を遺した。

中原では、後唐以降、沙陀族王朝が続くが、河南の中央政府と山西の辺境軍団とが内訌を繰り返し、両地域の分断が深まっていく。

山西軍団は、後晋が燕雲十六州（河北省北部から山西省北部にかけての地域）を割譲していらい契丹（遼、キタイ帝国）に接近する局面が増え、北漢などは事実上その衛星国だった。つまり「馬の世界」とのつながりを強めたのである。

これに対し、河南政府は次第に江南、すなわち「船の世界」への依存を深めていく。とくに後周の世宗（柴栄。在位九五四〜九五九）が、最大産塩地の淮南を南唐から奪ってからは、それがますます明瞭となり、宋もその延長線上に誕生することとなる。江南経済を基盤に、北方遊牧国家に対抗するという、こののちずっと引き継がれる政権の基本構造は、こうした過程を通じて育まれたのである。

激烈な生存競争を勝ち抜いたこれらの国々の多くに共通する特徴として、仮父子結合などを用いて強力な親衛軍を組織している点が挙げられる。後梁の庁子都、呉越の杭州八都などが著名である。中原の五代王朝は、後唐の明宗（在位九二六〜九三三）が侍衛親軍を組織して以来、親衛軍の動きが政治を大きく左右した。後周を創設する郭威、その養子の柴栄、宋を建てた趙匡胤は何れも親衛軍トップから皇帝の位に即いている。

二　文臣官僚の時代

未完の統一

中国の北宋時代（九六〇～一一二七）は、日本でいえば藤原摂関家の全盛期から院政前期までとほぼ重なる。「遣唐使廃止」以降、朝貢使節の派遣は途絶えていたものの、民間の海上交易はますます活発化しており、また仏僧の渡航も盛んだった。仏僧たちはしばしば公的使節に準ずる待遇で宋朝に迎えられた。

延暦寺では源信（九四二～一〇一七）が中心となって学僧の派遣や著述のやりとりを継続し、日本における浄土教成立が促されていく。また京都の名刹清凉寺、通称「嵯峨釈迦堂」の本尊、国宝釈迦像を持ち帰った人物として知られる奝然（九三八～一〇一六）は、九八三年に自ら渡宋し、北宋二代皇帝の太宗（在位九七六～九九七）に直接謁見する機会に恵まれている。

拝謁の席上、奝然は下問に答え、日本の風土や歴史、諸制度について詳細に紹介した。なかでも太宗が関心を寄せたのが、日本の国王は「一姓伝継」であり、臣下も「世官」で構成されているという話。すなわち、易姓革命が起きず、連綿としてつづく単一の王統が、貴族制によって支えられる、という国制の持続性に対してであった。

太宗が日本の安定した国制に注目したのは無理もない。前節でも述べたように、中国は直近の約百年、唐末五代の大混乱を経験していた。このころ宋は、太宗の兄、初代皇帝の太祖（趙匡胤。在位九六〇～九七六）による建国から約四半世紀が経過し、五代十国最後の残存勢力だった北漢を滅ぼして（九七九）、本格的な天下泰平の態勢づくりにいざ始動、という局面にあったのである。

先代の太祖時代には、唐末以来の「乱のにおい」がまだ残っていた。

そもそもこの宋という政権は、始まりからしてどさくさ紛れの胡散臭いものだった。九五九年、後周の世宗が統一の道半ばで急逝したとき、後を継いだ恭帝はまだ幼かったため、これを不安視した禁軍将士たちが、このとき殿前都点検（禁軍長官）だった趙匡胤を遠征の途上で擁立、開封に戻り恭帝からの禅譲を演出する形で、宋は始まったのである。

「陳橋の変」と呼ばれる擁立劇は、大の酒好きだった趙匡胤が酔って眠りこけている間に仕組まれたこととされ、突然の推戴に戸惑う趙匡胤を周囲が説得して即位に応じさせた、という筋立てになっている。しかしこれは禅譲革命にありがちな自作自演であり、背後では弟の趙匡義（のちの太宗）や腹心の趙普がシナリオを書き、糸を引いていたのである。

皇帝となった太祖は、まず軍事力の回収に着手する。唐末乱世の原因は何より藩鎮の乱立であり、五代各国も節度使上がりの政権がほとんどだったから、軍事力の地方分散を解消することは、宋にとって喫緊の課題だった。そこで太祖は有力節度使を酒宴に招き、彼らを言葉巧みに誘導して、兵権返上に同意させてしまう。この「杯酒釈兵権（杯酒、兵権を釈く）」の一件は、歴代王朝において決まって火種となる「地方軍団の兵権回収」という難題を、一滴の血も流さず解決した稀有のできごとであり、北宋の「文治の王朝」ぶりを象徴的に示すエピソードとして知られている。

こうして地方の兵力を削ぐ一方、禁軍には精鋭を選んで首都開封に集め、軍事力の集中を成し遂げた。そのうえで太祖は地方諸国の攻略に乗り出し、荊南・楚・後蜀・南漢・南唐の征圧に成功する。ただ山西の北漢と浙江の呉越については、平定に至らず、太祖は九七六年、統一を目前にして世を去るのである。

君主独裁へ

太祖の死は突然のできごとだった。それも、ちょうど弟（当時は趙光義に改名していた）と酒を酌み交わした晩のことだったため、太祖の子らを差し置いて皇帝になった太宗には、太祖暗殺の疑惑が取りざたされることになった。

陳橋の変といい、杯酒釈兵権といい、さらにはその死の場面といい、太祖の転機には決まって酒が付いてまわる。酒を愛し、豪放ながらも几帳面な太祖は、周囲から親しまれる存在だった。軍閥の兵権回収という難問を酒席で解決してしまうあたり、その面目躍如たるものがある。

一方、太宗は、兄と異なり沈着な実務家タイプ。不透明な即位過程の影響を微塵(みじん)も見せることなく、早々に呉越を帰順させ、北漢の征圧にも成功する。ところが余勢を駆って試みた燕雲十六州の奪還作戦は不調に終わり、全土の統一は成らなかった。これ以後、北宋は「契丹に燕雲十六州を奪われたままの不完全な統一王朝」としての屈折を抱え続けていくこととなる。

ただ太宗自身は、そののち内政専心へと方針を切り替え、中央集権体制を揺るぎなきものにしていく。

太宗の治世には、まず科挙が大きく進展した。唐代の官僚登用制度は貴族子弟への恩蔭(おんいん)（父祖の地位に応じて、一定数の子孫を仕官させられる特権）が手厚かったため、科挙による賢才登用の効果は限定的だった。唐末五代の戦乱を経て貴族は退場したものの、科挙による人材登用も当初は小規模で、太祖の治世一七年間で合格者は二〇〇名にも満たなかった。ところが太宗の時代になると科挙合格者はうなぎ登りに増え、二〇年の治世で四〇〇〇人以上の文官を生み出すまでに至ったのである。

唐代には科挙の前に「行巻(こうかん)」と呼ばれる自作の文章を試験官に送り、知遇を得んとする、一種の請託運動が広まっていたが、宋代にはそうした行為は不正とされ、防止策として「糊名(こめい)」（答案の記名欄に紙を貼り付けて採点者に見えないようにする）、「謄録(とうろく)」（筆跡から解答者が判別されぬよう、答案の写しをつくって、それを採点する）なども行われるようになった。

さらに特筆すべきは、地方の「郷試」、中央での「省試」に加え、皇帝が自ら臨む「殿試」が追加されたことである。皇帝が官僚を自ら登用するという過程を設けることで、官僚たちは皇帝と直接に君臣関係を結ぶ存在として自覚を高めることになる。これは、一君万民体制を士大夫の内面まで浸透させるという点で、非常に大きな政治的意味を持った。

官制の中央集権化も進んだ。唐以来の三省六部以下のポストは存続していたが、それを帯びる官僚の地位と給与を示す記号に過ぎなくなり（これを寄禄官と呼ぶ）、実務の方は「差遣」と総称される役職の体系が担うようになる。行政の頂点には同中書門下平章事（宰相）・参知政事（副宰相）がそれぞれ複数名置かれ、軍政のトップを担う枢密使・枢密副使とともに宰執と総称されて、集団指導体制が布かれた。

地方官制では、県・州の上に「路」と呼ばれる行政区分が設定された。路の機構には、民政の転運使、軍政の経略使・安撫使、司法警察の提点刑獄など、役職別に責任者が設定されており、一人に権限が集中しない体制が採られていた。

軍制では、人事権と発兵権を持つ枢密使と、実戦での指揮権を持つ禁軍（殿前司・侍衛馬軍司・侍衛歩軍司）を別系統に置いた。また地方には役務を担う廂軍のみが置かれて実戦部隊は常設されず、禁軍を当番制で地方出動させる更戍制が採用された。

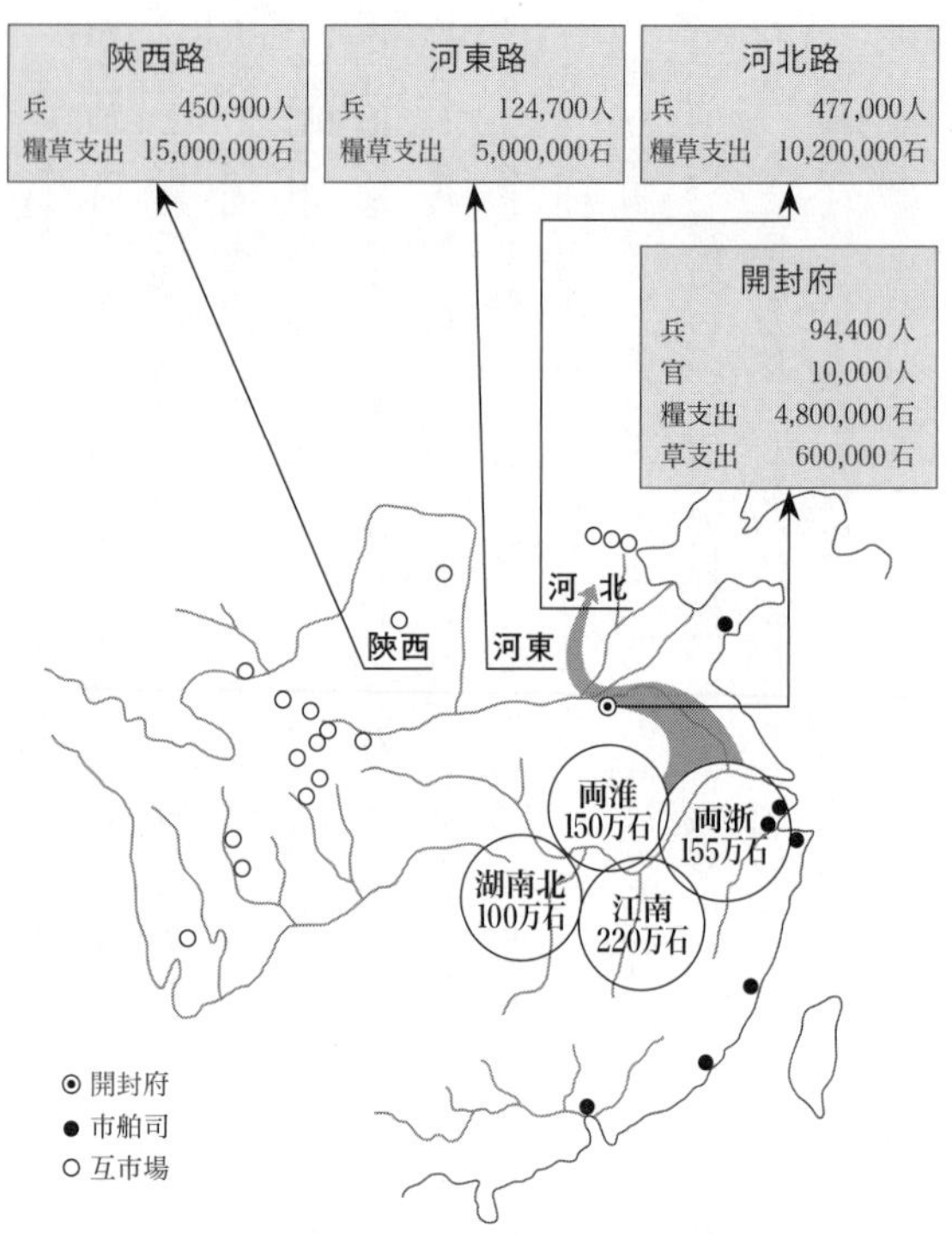

図20　北宋時代の補給体制

このように各種の権限が特定のポストに集中しないようさまざまな仕掛けが施されているのが、宋代官制の特徴である。

大規模化した募兵軍と官僚機構に要する大きなコストは、農業生産に対する両税と、塩など商品流通に対する専売収益を二本柱とする、唐代後期以来の財政制度が引き受けた。これらは漕運制度とリンクするよう設計されており、一一世紀に入る頃までには、年間六〇〇万石(約四六万トン)もの穀物が江南から大運河経由で開封へ輸送できるようになった。さらには北辺への軍需物資納入に商人を誘致する制度も整えられ、「北辺や首都圏の需要を、南方の生産が支える」仕組みは前代以上に拡充されたのである〔図20〕。

太宗期を中心に進められた以上のような包括的改革は、唐代中期に始まる社会変革の総仕上げともいうべきものとなった。

その間の制度変化をもう一度整理しておくと、貴族の没落と科挙官僚の台頭、皇帝権強化(官僚・軍隊の権限分散)、府兵・防人制から募兵による更戍制への軍制変化、均田・租調役制から私的土地所有を前提とする両税法への税制変化、流通経済に依拠する専売制の導入などが挙げられる。またこの期間には文化面でも貴族文化が退場し、新興士大夫や庶民の文化が台頭した。

中国史上屈指のこうした大変革は「唐宋変革(とうそうへんかく)」と呼ばれる。中国史研究において一貫して重視されてきた、重要なキーワードである。そして、一九九八年には寧波の天一閣(てんいっかく)博物館で北宋天聖令(てんせいれい)(天聖は仁宗期の元号)が発見され、そこに現行の宋令と廃止された旧唐令が並記されていたことから、この変革に関する知見は、近年さらに深められている。

士大夫の躍動と迷走

日本で藤原道長（九六六〜一〇二七）・頼通（九九二〜一〇七四）親子が摂関政治の全盛を謳歌していたころ、北宋は、第三代真宗（在位九九七〜一〇二二）と第四代仁宗（在位一〇二二〜一〇六三）のもと、北方情勢への対応に追われていた。

まず一一世紀初頭には、契丹の聖宗（在位九八三〜一〇三一）が自ら軍を率いて宋領に侵入、黄河まで南下して宋軍と対峙する。対する宋側は、宰相寇準の説得をしぶしぶ受け入れた真宗が戦陣に赴き、一〇〇四年、両国は澶州において講和の盟約を結んだ（澶淵の盟）。契丹との関係はこののち概ね安定的に推移するが、仁宗期には西北方面で党項（タングト）が北宋から自立し、西夏を建国する。この新事態に対して宋はやはり盟約締結による解決を目指し、一〇四四年に一応の和平が実現した。

これら諸国との外交関係の詳細は、本シリーズ第三巻においてユーラシア東方を広く視野に入れて述べられるが、本巻との関連でいえば、盟約締結後の和平維持に、大きな財政コストがかかったことを指摘しておきたい。それは第一に、宋が契丹と党項に多額の歳幣（銀・布帛）を毎年贈与することが定められたため、第二に、国境付近の治安維持に大規模な軍隊を常駐させる必要が生じたためであった。宋はこうした負担に対し、両税と専売、漕運などを組み合わせた上述の財政制度によって対応を試みた。

「南方の富で北方の軍需を支える」こうした体制が整えられていくのと並行して、人材登用の面でも南人の台頭が目立ち始める。科挙の募集員数が右肩上がりとなるなか、江南の新興地主層は、その富を家庭内教育に注ぎ、子弟を続々と官界に送り込んだのである。真宗時代の最大イベント「封禅の儀」（一〇〇八）を主導した宰相王欽若はその草分け的存在であり、三司使（財務長官）を長く務めた陳恕ら有能な財務官僚にも江南出身者が多かった（図21）。

Chaffee氏のデータによる
北宋 9,630名，南宋 18,694名，時期不明 609名
合計 28,933名

図21　科挙合格者の地域比較

太宗時代以降、その数を増やし始めた科挙官僚の存在感は、世代が下るにしたがって着実に大きくなる。その声が政治の表舞台において大きなうねりとなったのが、仁宗の慶暦年間（一〇四一～一〇四八）であった。

真宗期以来の長老である呂夷簡ら政府中枢に対し、范仲淹や欧陽脩をはじめとする若手官僚らが批判を繰り広げ、政治の刷新運動を展開したのである。なかでも范仲淹は参知政事にまで出世を遂げ、一〇項目にわたる改革案を掲げて「慶暦新政」を進めようとする。しかし激しい反対にあって試みは挫折し、范仲淹自身も半年ほどで地方官へと転出を余儀なくされた。

慶暦新政は結果的に不発に終わったのだが、後世に与えた影響は大きかった。新進の官僚が清新な理想を忌憚なく語った、麗しき時代として記憶されたのである。特に「はじめに」でも紹介した范仲淹「岳陽楼記」の一節「天下の憂いに先んじて憂え、天下の楽しみに後れて楽しむ（先憂後楽）」は、政治指導者の心得を端的に表す言葉として、時空を超えて好まれた。

慶暦新政はその一方で、官僚どうしが勢力拡大を狙って権力闘争（党争）を繰り広げる風潮を助長した。それが次に噴出したのが、仁宗から位を継いだ英宗（在位一〇六三～一〇六七）の時代であった。

仁宗には子がなかったため、従弟である濮王の息子を養子に迎えた。それが英宗である（一三三頁図26）。ところがこの傍系への帝位継承が大きな問題を引き起こす。皇帝は各種祭祀を行う際、父親を「皇考」と称するが、英宗にとっての皇考はあくまで養父の仁宗であるため、宙に浮いた実父の濮王を何と呼ぶかが問題になったのである。

「皇親」という折衷的呼称を用いようとする政府中枢に対し、王珪・司馬光ら台諫（御史台や諫議大夫など言論を以て職務とするポスト）の官僚たちは原則論に立って「皇伯」の呼称を主張し、「濮議」と呼ばれる大論争へと発展した。近代的な思考様式からは形式論に血道を上げる非生産的な争いにしか見えないが、当時の価値観からすれば、天下の秩序、名分に関わる大問題として重要視されたのである。

しかし官僚たちが論争に明け暮れる間、深刻さを増しつつあった財政危機が顧みられることはほとんどなかった。この課題への対応は、つづく神宗(在位一〇六七〜一〇八五)時代、王安石の登場を待たなければならなかった。

王安石の新法

一〇六七年、英宗の死去にともない神宗が即位する。二〇歳の少壮皇帝は、じり貧となりつつあった財政再建の切り札として王安石(一〇二一〜一〇八六)を起用する。その執政期間(一〇六九〜一〇七四)は、日本で後三条天皇が摂関家の既得権に挑み、親政を進めていた時期(在位一〇六八〜一〇七三)とほぼ重なる。

王安石。その経歴は異色だった。慶暦新政から濮議にかけての時代、官界の花形は台諫や翰林学士などの「言路官」、すなわち言葉の力を以て政策の決定や修正に影響力を及ぼす中央官職だった。范仲淹、欧陽脩、蘇軾、司馬光……みな然りである。

ところが王安石には、神宗に起用されるまで中央官職の経験がほとんどなく、江寧府(南京)の知事など、地方官ばかりを歴任していた。ただ、一〇五八年に彼が提出した「万言書」(地方

表2　王安石の主な新法

青苗法	農閑期に困窮する農民に対する政府の低利融資．地主の高利貸しに苦しむ小農民を救済し，かつそれまで地主の懐に収まっていた利息収入を政府歳入に転化．
均輸法	発運司(商都揚州に設けた特別司令部)主導で民間の需給動向に介入し，開封など大消費地に対する物資供給を合理化・安定化．
市易法	開封など主要都市に新設された市易務が，物価政策(流通の需給動向に介入≒均輸法)と，高利貸し対策(中小商人への小口融資≒青苗法)の両面を担う．
募役法	中小地主の義務負担だった職役(村役人・治安維持・納税など行政に関わる諸事務)を雇用労働(募役)に転換．職役から解放された者，および官僚など免役特権を持っていた者から免役銭・助役銭を徴収して，これを財源に募役従事者を雇用する．
河倉法	地方官庁の末端行政事務を担う胥吏は，もともと職役(義務労働)だったが，陳情者から事務取次の手数料を取って収入源としていた．それが利権化し問題となったため，手数料徴収を禁じ，代わりに胥吏に給与を与えることで，財の流れを透明化．

官が任を終えて中央に帰る際に提出する復命書)が千古の名文と評判になって以来、官界では名を知られる存在であり、かねてより彼に注目していた神宗の抜擢を受け、満を持して中央政府に乗り込んだのであった。

一〇六九年、参知政事に任命されると、王安石はまず制置三司条例司という特命組織を結成し、既定の合意形成過程を経ずに政策決定できる権能をこれに与えた上で、同年七月の均輸法を皮切りに、あまたの制度改革を具体化していく。

新法の要は、何といっても財政改革である。ふつう財政再建といえば、まずは歳出カット(特に人件費削減)、ついで歳入アップ(増税や借款など)を柱として進めるのが常道だろう。

新法のなかでも、農村で民兵組織を編成し治安維持に当たらせる保甲法(ほこうほう)や、軍馬を農民に飼育させる保馬法(ほばほう)は、当時最大の支出項目だった軍事費の圧縮を目指すものであった。前者は金のかかる募兵への依存度を下げることができ、後者は非効率な官営牧場での軍馬飼養を民間委託に代替するものだからである。ただ、前者は民兵が任に堪えるほどの戦力たりえず、後者は平時に農耕転用されてしまうことが軍馬に悪影響を及ぼすなど(スポーツカーに貨物輸送を担わせるようなもの!)、マイナス面と背中合わせの経費節減策であった。

また農田水利法(のうでんすいりほう)、淤田法(おでんほう)、方田均税法(ほうでんきんぜいほう)など、治水・農地開発や課税公平化を通じて、税収増加の基盤整備を図る新法も実施された。

これらは、収入増・支出減という、いつの時代にもみられるオーソドックスな再建策だが、王安石新法にはこうした伝統的な政策オプションを超える数々の創見が採り入れられた。積極財政の象徴ともいうべき青苗法(せいびょうほう)・均輸法・市易法(しえきほう)や、役法(えきほう)改革としての募役法(ぼえきほう)・河倉法(かそうほう)などが、とりわけそれに当てはまる。

青苗法・均輸法・市易法はいずれも、地主や富商が利益を独占する民間経済に政府が介入し、彼らが高利貸しや投機を通じて得ていた利益を、国家収入に転化したうえで、中小の農民・商人に再配分するものである。

募役法と河倉法は、役法改革の一種である。役法は、近代的な公民義務の体系からはイメージしにくいが、あえて近いものを探せば、現代日本の各地に置かれている自治会の役員が終身化したような状況を想定すればよい。要するに地域に関わる末端の行政事務を、住民自身に無償・輪番で担わせる仕組みである。こうした負担は宋代には「職役(しょくえき)」と呼ばれ、相対的に富裕な層の民に課されていた。

負担は重く対象者をしばしば苦しめたが、その一方で職役を交替せず、特定の人が長く担うケースも多かった。そのポジションが行政事務を代行する役職のようになり——これを「胥吏(しょり)」という——、大きな利権を生んだからである。胥吏たちは行政と民衆を仲立ちする立場を利用し、事務取次の手数料(要は口利き料)を私的に設定して懐に入れるようになったのである。あたかも、自治会のメンバーが会を通じて行政サービスを受けるのに、自治会役員や長老・顔役への贈答や饗応が必要になるような状況とよく似ている。無償労働で構成される世界はかえって成文化されない慣行に支配され、不透明な領域が広がりやすいものである。

そんな「無償労働の闇」を解消する一法として、構成メンバーから一律に会費を徴収し、それを財源に役務負担者を「雇われ役員」化して、彼らに業務委託をするというやり方が考えられる。募役法や河倉法は、このタイプの試みである。構成員による広く薄いコスト負担のもと、労働とそれに対する報酬をガラス張りにすることで、制度外的な慣行が支配する馴れ合いの世界、利権の世界との決別を図る。これが、王安石のねらいだった。

激化する党争

新法のメニューは、以上のような財政改革だけではない。人材登用の改革も注目される。科挙制度では、進士科という募集枠において詩を課すことをやめ、経義（経書解釈とそれを踏まえた献策）に軸足を置いた出題に転換した。「教養重視、実務軽視」の傾向が一貫して強い文官登用政策の歴史においては非常に珍しい、政策立案の実務能力を重視する改革であった。

また先に紹介した河倉法は、胥吏利権の透明化という面以外に、科挙官僚と同じ俸給を胥吏に与えることで、実務能力に富む胥吏を官僚と同じように処遇し、両者の区別を解消していくねらい（吏士合一策）も含まれていた。

このように、王安石の新法は、従来型の財政再建策にとどまらぬ、抜本的・包括的なものであり、それゆえ反対派による抵抗も強烈なものがあった。

反対派の論点は、まず王安石の政治手法に向けられる。本来の合意形成過程を踏まず、特命組織において政策決定してしまう点が、輿論を顧みぬものとして問題視された。さらに政策内容においては、新法の「民と利を争う」面に、とりわけ強い批判が向けられた。

財政諸法に顕著なように、新法はいずれも中央政府が、民間の自主性に委ねられてきた領域に積極介入していく点を最大の特色とする。こうした政策傾向は、古くは前漢（桑弘羊）の均輸・平準法にもみられたが、直近では専売制を導入した唐代後期の財政改革を受け継ぎ、それをさらに徹底したものである。これを強力に推進しようとしたところ、前漢の塩鉄会議(三二頁参照)でも争点となった、「政府による民事介入は少ないことを良しとする価値観」との対立が、ここでも起こったのである。

新法の推進は、地主・富商の利益を脅かす。かつて中国史学界では、新法反対派のそうした論法から階級闘争の影を読み取り、反対派(旧法党)を「反動派」、推進派(新法党)を「進歩派」と識別する傾向が見られた。新法政権が、地主・富商と利害対立の関係にあったことはもちろん間違いではない。ただ反対派にとっては、民事不干渉の価値観に新法が適合するか否かの方が、より重要なポイントだったことは押さえておくべきだろう。

反対派の抵抗を押し切って邁進した王安石の政治は、神宗との亀裂を機に動揺しはじめ、一〇七四年の宰相辞任をもって頓挫してしまう。ただ親政を始めた神宗は、ひきつづき新法派の官僚を登用していわゆる「元豊の官制改革」を進め、寄禄官や差遣が並存するややこしい構造を解消して、唐の三省六部に基づくシンプルな官僚制度に回帰させた。

ところが神宗がわずか三八歳で逝去し、一〇歳の哲宗(在位一〇八五~一一〇〇)が即位して、宣仁太后(英宗の皇后)による後見政治が始まると、新旧両党の関係は逆転する。旧法党の大物、司馬光・呂公著らが再登用され、新法派は一掃されたのである。旧法党政権は、各種の新法を政策効果の有無にかかわらず軒並み廃止しておきながら、自らは実のある代替案を示すことができず、内部にも派閥争いを生じて(劉摯ら朔党、蘇軾ら蜀党、程頤ら洛党など)、次第に勢いを失っていく。

一〇九三年、太后の逝去によって哲宗の親政が始まると、皇帝自身の考え方を反映して新法政治への回帰が図られ、今度は旧法党の官僚が失脚の憂き目に遭う。この新法路線は、哲宗の次に即位する徽宗の代まで引き継がれていくことになるが、世代とともに官僚たちは小粒化し、抜本的な改革を打ち出すに至らぬまま、外敵に脅かされる時代、一二世紀へと突入していくのである。

三　花石綱

徽宗の政治

一一〇〇年、哲宗の死を承けて弟の徽宗が一八歳で即位する(在位一一〇〇~一一二五)。徽宗といえば、『水滸伝』における幾多の迷走で、日本人にもおなじみ。取り巻きには宰相の蔡京(一〇四七~一一二六)、宦官の童貫、高太尉こと高俅など、すこぶる付きの「奸臣」がひしめき、最後には外敵に国土の大半を奪われる始末。暗君の代名詞のような人物である。

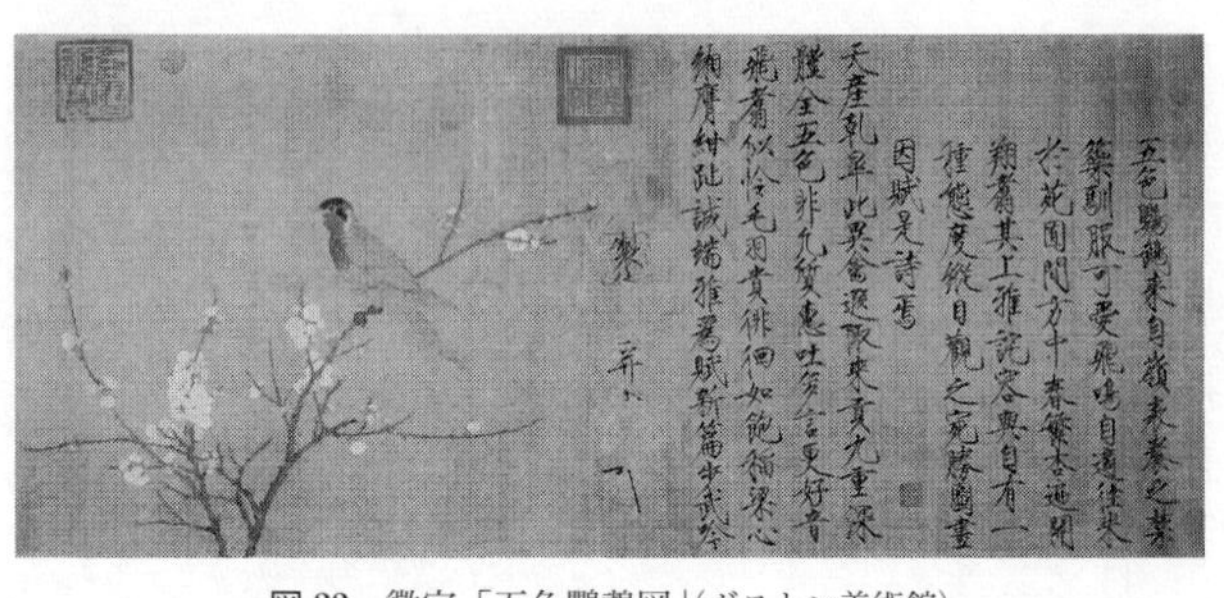

図22　徽宗「五色鸚鵡図」(ボストン美術館)

他方、書画の才において、徽宗は群を抜くカリスマだった。「桃鳩図」「五色鸚鵡図」に代表される典雅な花鳥画。「痩金体」と呼ばれる、鋭利さを限界まで極めた書風。いずれをとっても、中国史上最高の大芸術家の名に恥じない〔図22〕。また彼は、自らアーティストとして個人作品を創造するに留まらず、宮廷に設けられた画院のプロデューサーとしても才能を開花させた。当時の宮廷コレクションの目録『宣和書譜』『宣和画譜』からは、その力量の一端をうかがうことができる。

亡国君主にして風流天子。つまりは「奢侈に溺れ、政治を誤った君主」というステレオタイプを過不足なく体現する存在として、彼は長く評されてきた。

その典型が、「花石綱」をめぐるエピソードだろう。「綱」とは物資輸送団の単位。徽宗が開封で庭園を造営するに当たり、そこで用いる珍奇な草木・銘石、さらには鳥獣などを江南から輸送するために編成された船団が「花石綱」である。蔡京等の働きかけもあって徽宗は庭園趣味に際限なくのめり込み、花石綱の出動もどんどん頻回になる。正規の税物輸送ならまだしも、皇帝の趣味生活に動員されるのであるから、徴発される側はたまったものではない。徽宗失政の象徴と言われる所以である。

こうした不条理な収奪が民の武装蜂起につながったのが、一一二〇年、「喫菜事魔（きっさいじま）」と呼ばれるマニ教系宗教集団が江南で起こした方臘（ほうろう）の乱である。また、『水滸伝』において梁山泊メンバーが巻き込まれるさまざまなトラブルも、徽宗政権の乱脈ぶりに取材した事例が多くを占める。「こんなめちゃくちゃをやったのだから、国を滅ぼしても仕方ない」と皆が納得したのである。

ところが最近の研究では、彼が兄の遺志を継いで新法政治の推進に意欲を持っていたこと、実務を側近任せにせず、皇帝の指令を直接担当部署に伝える御筆手詔（ぎょひつしゅしょう）を活用して、政治に積極関与していたことなどが明らかにされている。また漏沢苑（ろうたくえん）という名の、徽宗時代に造られた官営墓地の遺構が近年各地で発見され、引き取り手のない遺骸や貧しくて葬儀を出せない死者を葬る場とされていたことが知られるようになった。これなどは「民間社会の自律領域に政府が積極介入する」という、いかにも新法路線の施策である。このほか、蔡京が礼制改革を主導して王権強化に努めたことも指摘されている。徽宗政権の新たな側面が、近年注目されるようになっているのである。

江南の開発――第二発展期（その二）

中華王朝が掌握する人口は、徽宗のころ一億人を突破したとされる。それ以前、歴代の人口統計の推移は、前漢末期と唐代中期の二回、ピークがあったが、いずれも六〇〇〇万人の規模を超えなかった。二〇〇〇年来立ちはだかってきた「六〇〇〇万人の壁」が破られたわけであるから、北宋時代に起こった社会変化が従来の研究において重視されてきたのも、故なきことではない。

唐と宋の間にはまた、人口比率の南北逆転という現象も起こった。八世紀半ばに四五％だった南方の人口は、一一世紀後半には六五％に上昇している。

こうした人口動態の主因は、何といっても江南における生産力アップである。官僚や募兵など非生産人口を多く抱える北方は、南方の経済に支えられてはじめて成立しえたからである。農田の開発は、唐代中期に始まる「第二発展期」が続いており、江南デルタにおいて大きく進展した。長く課題とされてきた塩潮対策は北宋期になると低湿地でも実を結び始め、堤防によって塩潮を防ぐ「圩田（うでん）」「囲田（いでん）」の造成と、水路による淡水の供給を組み合わせて、水田化が図られた。こうした農地造成は、特に王安石新法の一つである農田水利法の施行により、大幅に進展した。また塩潮や痩土、寒暖差、乾燥などの悪条件に左右されにくい占城稲（せんじょうとう）の導入が拡大し、早稲品種ゆえ梅雨や台風の時季を避けやすい特性も相まって、生産の安定性はさらに高まっていった。

このような技術的発展に後押しされ、宋代には新たな地主層が開発に加わるようになる。なかでも大土地所有者として存在感を増したのは新興の科挙官僚たちだった。

ただ、彼らにとって大きな課題は、その家産が伝統的な均分慣行により、代を経るごとに零細化してしまうことに、どう対応するかであった。

家産均分慣行は、「兄弟は父の「気」を等しく継承する」という「父子一気」「兄弟一体」の原理によって説明する理解が有力視されている。この慣行は、戦国時代、商鞅変法における大家族の解体政策(単婚小家族の創出)に端を発し、つづく漢から魏晋南朝時代にかけ、兄弟間における嫡庶・長幼の差別が解消される過程で定着した。

それでも貴族制の時代であれば恩蔭特権をフル活用し、官僚身分を維持することで家運を保つことも可能だった。しかし、科挙が定着した宋代において、その手を使える家系は少ない。

そこで不安定な地位を維持するための手立てとして、「宗族」の結集を試みるものが現れはじめた。宗族とは、もともと周代に存在していたと観念される大家族主義の男系血縁集団であるが、上述の商鞅変法以降、存続が難しくなっていた。この宗族を人為的に復活し、血縁集団内における相互扶助を強めようという動きが、宋代に起こったのである。

宋代の宗族においては、祖先祭祀の共同運営を軸に、共有財産の設定(范仲淹が蘇州に設置した「范氏義荘」が有名）、系譜観念の共有（欧陽脩による族譜編纂が代表例）等を通じて、一族の団結が図られた。そのうえで、宗族内の優秀な子弟に教育を施し、官僚身分を新たに勝ち取って、家運の維持を図るのである。

経済的に豊かだった江南では、富裕層が族内教育に力を注ぎ、科挙合格をめざす傾向が顕著だった。五代の南唐で花開いた宮廷文化の伝統が受け継がれていたこと、木版印刷の技術が広まったこととも相まって、江南には官僚予備軍となる士大夫層が分厚く育ち、その文化水準は飛躍的に向上した。米芾（一〇五一～一一〇七）のような芸術万般に通じたマルチタレントが出現したのも、そうした社会背景に因るところが大きいのである。

活発な流通経済

江南の豊かさを農業生産とともに支えたのが商業だった。専売など各種官業の民間委託を足がかりに、大運河を動脈とする国内の流通は活発となり、商品経済は大きく発展した。とりわけ、大運河と黄河の結節点、物資の積み替え拠点として唐代以降に台頭した開封（汴州）は、五代諸王朝および北宋の首都が置かれたこともあって繁栄を極めた。

南宋の張択端の手になる画巻「清明上河図」は、徽宗時代における開封の春景を描きとめたものとされる。郊外から城内に延びる大運河、その水上を往来する大船、船を通過させるため

図23　張択端「清明上河図」(部分，北京故宮博物院)

大きく上方に湾曲した橋梁。開封城内にはさまざまな業種の商店が軒を連ね、路傍には講釈師が立って黒山の聴衆を集めている。宋代都市の賑わいを如実に伝える傑作である〔図23〕。

開封の隆盛を知る手がかりとしてはもう一つ、『東京夢華録』も忘れるわけにいかない。同書は南宋の孟元老が徽宗時代の開封を回顧して記したものとされ、都市内の各種施設、さまざまな習慣や習俗、多様な業種の店舗、年中行事など、民衆の生活を生き生きと伝える史料である。さらには皇帝が自ら民の前に出御するセレモニーも紹介され、中華皇帝が次第に「見せる王権」へと変質し、都市そのものも王権を荘厳する祝祭空間と化していた様子がうかがわれる。

経済活況は地方都市も然り。とりわけ港市において、それは顕著だった。北宋は唐末五代の呉越政権の遺産を受け継ぎ、海上交易にも力を注いだ。なかでも杭州、明州(寧波)、泉州、広州の南方四都市には市舶司が置かれ、日本や朝鮮半島、東南アジア諸国、さらにはイスラーム圏などから来港する商人との交易が盛んに行われた。また中国商人も、積極的に海外に進出を始めていった。

東南アジアでは、唐の滅亡以後、ベトナムで自立の動きが始まり、呉権(九三九〜九四四)、丁部領(九六八〜九七九)、前黎朝(九八〇〜一〇〇九)という短期政権を経て、李朝(一〇〇九〜一二二五)が初めて長期の王朝を成立させた。他方、香木を産する占城(ベトナム南部)や、マラッカ海峡交易で栄える三仏斉、香辛料を輸出するクディリ朝(ジャワ中東部)などが宋に朝貢した。日本からは南西諸島の硫黄が一大輸入品目となり、西夏などとの戦闘において火薬として用いられるようになった。

港市を拠点とする海上交易の盛況は、とりわけ福建に恩恵をもたらした。全体に山がちで耕地拡張に限界があり、内地とも往来しにくい福建は、かつては貧しく孤島化しやすい土地柄だった。しかしリアス式の良港がいくつも連なる地勢が「海の時代」の訪れとともにプラスに転じ、「交易立国」への道筋が拓かれていく。山際のわずかな耕地で商品作物(福建といえばとりわけ茶)を産しつつ、食料などの必需品は移入に依存する形で、経済を成り立たせ得るようになったのである。そして交易面の流動性・開放性は文化面にも波及し、福建は出版文化の一大拠点となり、やがて科挙の合格者数でも全国トップに躍り出る。こうした環境が、南宋期、朱熹を生み出す素地となったのである。

このように華中と華南の往来は海上経由が主であったが、陸伝いの開拓も宋代には徐々に進み、山谷に住む少数民族との接触もしだいに増えていった。ただし、先住民を体制に組み込み、編戸化していく過程においては、湖南地方の荊蛮の帰服問題や、広西地方における儂智高の乱（一〇四一～一〇五三）のような衝突も起こった。そうした摩擦をともないつつ、南方のフロンティアは着実に拡大していったのである。

靖康の変

「契丹に燕雲十六州を奪われた不完全な統一王朝」との自覚（コンプレックス）は、北宋一代の対外政策を根本において規定していた。

北方・西方に大きく支配を広げた唐の皇帝が「中華世界の天子かつ草原世界のカガン」として華夷の別なき普遍性を志向したのに対し、契丹君主を対等の「北朝皇帝」と呼ばねばならない宋の皇帝（＝南朝皇帝）は「（夷狄とは異なる）中華の固有性・特殊性」に拠り所を求めずにはいられない。こうした意識は、春秋学者の唱道する攘夷論を通じて士大夫にも広まっていく。

西夏との戦闘にも苦心を重ね、思うに任せぬ対外関係を余儀なくされてきた北宋は、一二世紀に入って急速に台頭してきた女真(ジュルチン)の扱いを誤り、それが引き金となって転落への道を歩み始める。

一〇世紀以降、中国東北地方から沿海地方にかけては、女真の部族集団が多数分布していた。これらのうち、契丹から生女真(せいじょしん)と呼ばれた「まつろわぬ集団」のひとつワンヤン(完顔)部に、アクダ(阿骨打)という英傑が登場し、一一一五年に金国を樹立すると、契丹を脅かす存在として周囲に名を知られるようになっていく。

金国台頭の報を得た北宋は、これこそ宿願の燕雲十六州奪回の好機とみて、澶淵の盟以来一〇〇年以上続いてきた契丹との盟約を破棄し、金との連携へと舵を切る。かくして宋の描いた遠交近攻策(えんこうきんこうさく)の筋書通り、宋と金が契丹を挟撃する作戦が始まったわけであるが、宋は肝心の戦闘がからきし駄目だった。対外戦争の経験に乏しい宋軍は、弱体化しつつあった契丹にも勝てなかったのである。一一二二年の契丹征圧は、金が事実上単独でなしとげることとなった。

金と宋との関係は、契丹という共通の敵がいなくなると、和平協定のあり方をめぐって、あっという間に亀裂が入る。ろくに戦果がなかったにもかかわらず、宋が金を蕃夷と侮って不誠実な対応を繰り返したため、金の怒りを買ったのである。折しも金は太祖(アクダ)が死し、太宗(ウキマイ、呉乞買)が即位する局面にあったが、代替わりに影響されることなく一一二三年、華北に軍事侵攻を開始した。

宋側はなすすべがなく、帝位を投げ出した徽宗に代わった欽宗(在位一一二六〜一一二七)のもとで、不利な条件での講和を余儀なくされる。宋においてそのち和平論と主戦論が二転三転するなか、金の侵攻は再開され、一一二七年、ついに宋は投降して、開封も陥落する。徽宗・欽宗は捕虜となり、城内の財貨ともども北方に連行された。

時の元号を採って「靖康の変」と呼ばれるこの事件により、北宋の命脈は終わりを迎えることとなる。そのころ日本では、京都で白河院政が終盤期を迎え、平泉で中尊寺金色堂が造営されていた。

第四章　海上帝国への道——南宋

宋磁(青磁鳳凰耳花生 銘「万声」, 国宝, 和泉市久保惣記念美術館)

一　金・モンゴルとの対峙

南宋——江南の亡命政権

徽宗・欽宗を拘束した金の軍は、無主となった開封に新たな政権を立ち上げる。首班に指名されたのは宰相だった張邦昌で、形式上、彼は開封の百官に推戴されて帝位に即いた。ここに宋を継承する正統な王朝として楚が樹立されたわけだが、それが金の傀儡国家であったことは言うまでもない。急速に勢力を拡大し、人口も少ない金としては、不慣れな征服地の統治は容易でない。そこで、漢人を介した間接統治という現実的な方法を採用したのである。

二帝以下、皇族をことごとく奪われた宋の命運はここで尽きたかに思われた。ところが、心ならずも帝位を押しつけられた張邦昌は、金軍主力が北に帰るのを待って次の行動を起こす。かつて哲宗の皇后だった孟氏を探しだし、彼女の命令という形で親王のひとり康王(趙構)を帝位に即けて(高宗)、自らは宰相に戻ったのである。これより先、孟氏は廃位されて皇籍を外れ、尼寺に居住していたため、金による拉致を免れていた。他方、康王は、靖康の変の際にたまたま使者として金に向かう途次にあり、開封を留守にしていた。かろうじて残っていた二つのピースをつなぎ、宋は瀬戸際でよみがえったのである。

宋復活の報を受けた金は、攻撃を再開する。宋州(南京応天府)で即位した高宗(在位一一二七〜一一六二)は開封に入ることができずに南に逃れ、各地を転々としたが、一一三〇年、杭州にたどりつくと、ここを「行在」(天子が都外に行幸した際の仮の居処)と称して腰を据えることとなる。

だが南方での再起も容易ではなかった。杭州では、禁軍の主導権争いがもとで起こったクーデタにより、高宗自身、一時退位を余儀なくされた(明受の変)。地方では、北からの避難民が続々と長江以南に流れ、先住民との摩擦が頻発した。とりわけ、朝廷再建のための徴発強化に堪えかねて勃発した鍾相・楊麼の乱は洞庭湖一帯を広く席巻し、五年余りも続いた。

いっぽう金は、黄河と淮河の中間領域に斉という新たな傀儡国家を設け、劉豫という人物を皇帝に据えて緩衝地帯を設定する。対する宋は、韓世忠、張俊、岳飛など、私兵を率いた軍人たちが主戦論を掲げて国境地帯に展開し、淮河をはさんで両者がにらみ合う形勢が生まれつつあった。

秦檜と岳飛

そんな折り、両国関係を大きく左右する人物が、杭州の宮廷に現れる。その名は秦檜。もともと北宋の官僚だったが、張邦昌の即位に異を唱えたため、捕虜となって金に連行されたはずの人物だった。同胞たちがみな異郷に捕らわれるなか、なぜ彼だけが無事解放され戻ってきたのか、誰も判らない。「帰ってきた男」をいぶかしむ声は、朝廷内にも実際多かった。しかし、金の権力中枢に関する貴重な情報を手土産に帰参したこの男を、他でもない高宗が強く信頼したのである。

秦檜は恩寵をバックにたちまち権力の中枢へと上り詰め、宋の戦略を和平へと転換すべく交渉に着手する。しかし最初に準備・合意された第一次金宋和議は、両国の主戦論に押されて挫折し、一一四〇年、軍事衝突が再開された。

今次の戦闘では、主戦派の諸将がこれまでの宋軍らしからず、数多くの戦果を挙げた。わけても無双の活躍を遂げ、その名を世に知らしめたのが岳飛である。彼が率いる精鋭部隊「岳家軍（がくかぐん）」は、高宗より賜った「精忠岳飛（せいちゅうがくひ）」の親筆を旗印に掲げて金軍を次々に撃破し、開封のすぐ手前まで攻め上った。ところがこのとき、岳飛のもとに思いもよらぬ命令が届く。その内容はあろうことか「撤退せよ」であった。

むろん秦檜の描いた筋書きである。彼にとって、主戦派諸将の「勝ち過ぎ」は好ましい事態ではなかった。諸将が軍功を盾に、和平の道を葬りかねないからである。案の定、旧都回復という宿願実現を目前にした岳飛は、撤退命令に猛烈な抵抗を表明した。しかし、共同戦線を張っていた戦友が次々に離脱し、前線に孤立しかねない状況に至っては、如何ともしがたい。このとき岳飛は切歯扼腕しながら矛を収めたものの、帰還した後になっても和平路線に対する異議をひたすら唱えつづけた。そしてこれを危険視した秦檜は、岳飛に濡れ衣を着せ、投獄・謀殺してしまう(一一四一)。

主戦論を封じ込めたことで、靖康の変前後以来、二〇年近く続いてきた交戦状態を終結する環境は整えられた。かくして一一四二年、第二次金宋和議が成立する。両国は、淮河と大散関を結ぶラインを国境として停戦し、こののち「金が主、宋が臣」という関係を結ぶこととなった。さらに宋から金へ毎年銀二五万両・帛二五万匹の貢ぎ物(歳貢)を献上することも定められている。形式的にも実質的にも、宋は金に降伏・臣従することを受け入れたのである。

図24　秦檜像(浙江省杭州市の岳王廟)

秦檜という政治家は、岳飛をめぐる一連の出来事から「売国奴」「保身の奸物」という図式で、こののち評価され続ける。岳飛を祀った杭州の岳王廟の一角には、縛られ跪かされた秦檜夫妻の像がある(図24)。そこを訪れた者はみな二人の像につばを吐きかける、という慣習がつい最近まで残っていた。岳飛と秦檜の故事は後世、芝居の演目としても人気を博したが、秦檜を演ずる役者は命がけだった。興奮して舞台上に乱入した観客に殴打されたり、ひどい場合は殺されてしまうこともあったらしいのである。

しかし、実際の政治の場において、秦檜は一七年の長きにわたって高宗の信頼を保ちつづけた。その執政期間におけるできごとのなかでも特に重要なのが、総領所の設立である（一一四一、図25）。既述のとおり、南宋の国防は当初、諸将の私的軍団に依存していた。これらを国制の下へと編成するのと並行して、国防軍とは独立した兵站機関である総領所を、長江沿線に四か所配置した（東から鎮江、建康、鄂州、成都）。総領所は戸部（中央の財政機関）の指揮下に置かれたため、宋朝は補給業務を通じ、各地の軍団に対する統制を有効に行うことが可能になった。過度の分権化を招いた唐末の節度使体制や、辺境軍の弱体化を招いた北宋の更戍制の欠点をそれぞれ補うものであり、こののち南宋が、外敵の侵略を曲がりなりにも退け、国内の軍人に脅かされることもなく一四〇年近く存続するうえで重要な鍵を握る制度であった。

海陵王・世宗との対峙

一一六二年、高宗は三〇年以上にわたって守ってきたその地位を皇太子に譲り、孝宗が即位した。高宗はこのときなお意気軒昂で、こののちなお四半世紀の長寿を保ちつづける。彼が余力を残して世代交替を進めたのは、養子の身ながら帝位を継いだ孝宗の政権が軌道に乗るのを、自分の目が黒いうちに確実にしておきたかったのかもしれない。

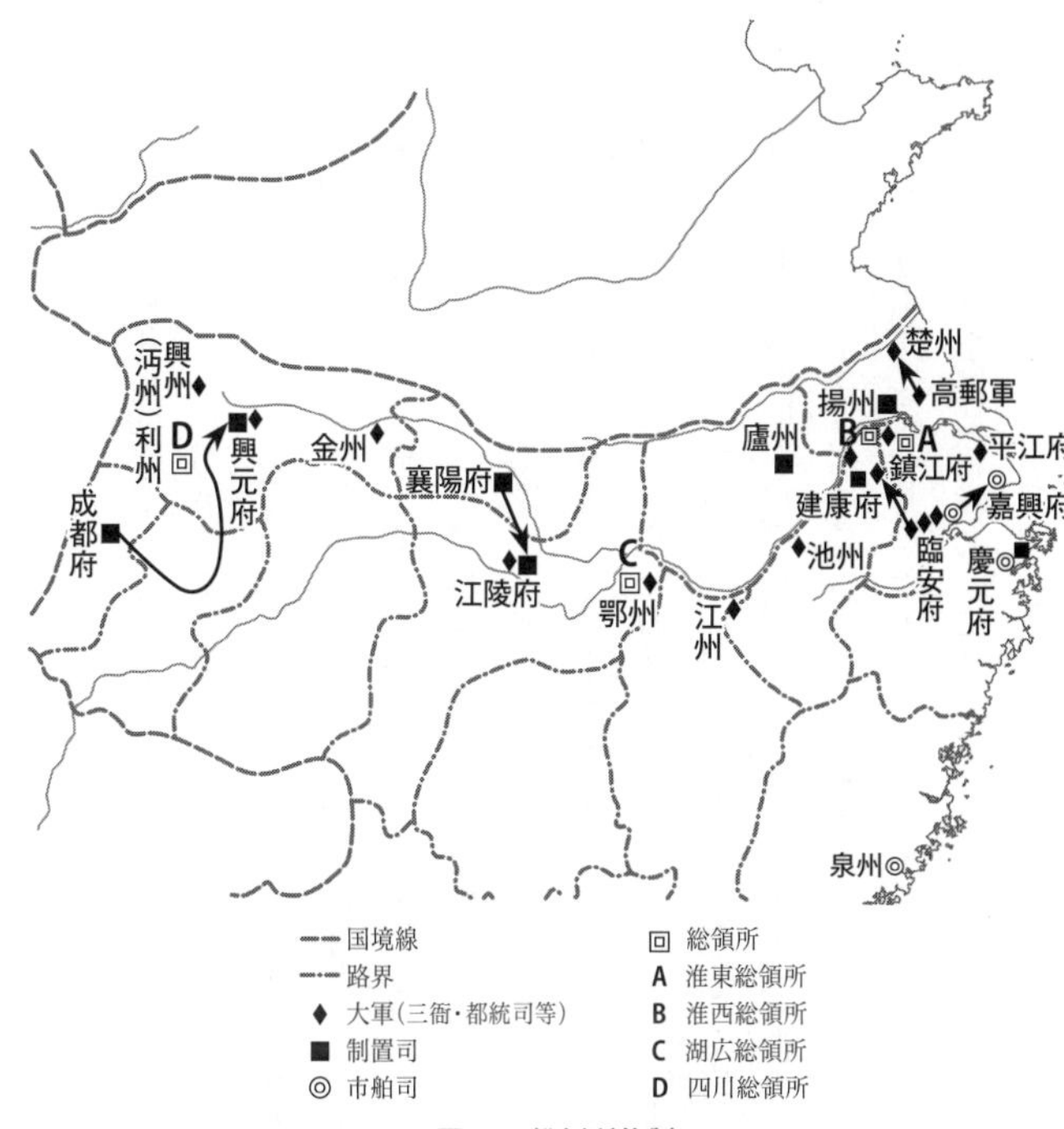

図 25 総領所体制

孝宗はもともと北宋太祖の七代目の孫に当たる。宋朝は太祖の弟、太宗が二代皇帝となって以来、太宗の子孫が帝位を継承してきた。高宗自身もその末裔である。ところが高宗は実子を早くに亡くしていた。太宗系の諸王は、靖康の変の際に根こそぎ金に連れ去られていたため、高宗は難を免れた太祖系の子孫を宮廷に引き取っていた。彼らのなかから、後継者に選ばれたのが孝宗だったのである〔図26〕。

孝宗政権は、前年に勃発した国難のなかで船出した。金が第二次和議を二〇年ぶりに破り、南宋に侵攻を始めていたのである。南宋攻撃を主導したのは皇帝、完顔亮（女真名はテクナイ。在位一一四九〜一一六一）。彼は、先代の熙宗を殺害して帝位に就き、中華風の専制君主を目指して強権的な政治を続けていた。中華本土への野望を膨らませた彼は、即位一三年目の一一六一年、満を持して南宋攻撃に着手する。金は、陸上のみならず、海上部隊も組織して、国を挙げての総攻撃を開始。淮河を突破し、揚州までは陥れたものの、采石磯の戦いで宋将の虞允文に敗北を喫し、長江の防衛ラインを越えることができずにいた。

そうしたとき、金軍の後方で不測の事態が起こる。宗室の一人ウルが遼陽でクーデタを起こし、主君不在の隙をついて自ら皇帝を称したのである（世宗）。北方での政変が南方の前線に伝わると、長征を強いられてきた遠征軍に不安が広がり、司令官たちは皇帝の命を奪って、撤退していった。非業の最期を遂げた完顔亮は、死後皇帝から郡王に格下げされ、歴史上もその諡号（おくりな）、海陵王の名で呼ばれることになる。

海陵王の独り相撲に終始した金宋戦争は、かくしてあっけない幕切れを迎える。侵略を撃退した宋は和平交渉を優位に進め、このとき結ばれた第三次金宋和議（一一六五）では、第二次よりも大幅な譲歩を金から引き出すことに成功した。すなわち、両国の君臣関係は叔姪関係に緩和され、歳貢は北宋時代と同じ歳幣に名を戻して、支払額も減らされたのである。

第三次和議は、こののち三十数年間にわたり維持された。この時期に君臨した金の世宗と宋の孝宗は年齢も近く、在位期間もほぼ重なっている（世宗は一一六一～一一八九、孝宗は一一六二～一一八九）。二人はそれぞれ両国の最盛期を現出した皇帝として、一二世紀の歴史に名を刻む

①太祖（九六〇～九七六）
□……（七世）……□—□—❻度宗（一二六四～七四）
□—❺理宗（一二二四～六四）
❻度宗—❼恭宗（一二七四～七六）、❽端宗（一二七六～七八）、❾帝昺（一二七八～七九）
□……（五世）……❷孝宗（一一六二～八九）—❸光宗（一一八九～九四）—❹寧宗（一一九四～一二二四）
②太宗（九七六～九九七）
③真宗（九九七～一〇二二）—④仁宗（一〇二二～六三）
□—濮王—⑤英宗（一〇六三～六七）—⑥神宗（一〇六七～八五）
⑥神宗—⑦哲宗（一〇八五～一一〇〇）、⑧徽宗（一一〇〇～二五）
⑧徽宗—⑨欽宗（一一二五～二七）、❶高宗（一一二七～六二）

①②…は北宋皇帝、❶❷…は南宋皇帝の代数。
漢数字は在位年。

図26　宋の帝室世系

こととなった。

孝宗の治世は、南宋一五〇年のなかでは珍しく、政権を牛耳る実力者を生み出していない。孝宗は、皇帝が直接関係官庁に発令する御筆を活用し、武臣出身の官僚を積極起用するなど、独自のリーダーシップを発揮し、三〇年弱の治世を大過なく全うしたのである。

韓侂冑から史弥遠へ

南宋の安定は、一一八九年に孝宗が退位し、皇太子（光宗）が即位したころから揺らぎ始める。光宗は後ろ盾の孝宗と、政治への関与に積極的な皇后李氏の板挟みになって精神に異常を来し、一一九四年に逝去した孝宗の葬送すらまともに進められなかった。事態の収拾に乗り出したのが宗室の一人、趙汝愚（一一四〇～一一九六）であり、その指揮のもとで光宗は廃位され、第二子である嘉王が即位することになった（寧宗、在位一一九四～一二二四）。

この皇帝交代劇を楽屋裏から操っていたのが、新帝の外戚、韓侂冑（一一五二～一二〇七）である。彼は孝宗期に重用された武臣出身の側近官僚であり、かつ北宋の名臣韓琦の曾孫という毛並みの良さ、高宗と寧宗の皇后を輩出した呉氏から自身の妻も迎えていたことなども加わり、しだいに存在感を増していく。そして、趙汝愚の追い落としにも成功して、権力の座にすわることとなった。

ただし時代はすでに宋である。武臣出身の側近官僚だった韓侂冑には、科挙出身のエリートへの深刻なコンプレックスがあった。その屈折は、いわゆる「慶元偽学の禁」すなわち道学派の弾圧となって現れる。道学は、北宋後期の程顥・程頤兄弟から実質的なスタートを切った儒教の新学派であり（詳細は次章で後述）、一二世紀後半のこの時期には、新たな指導者朱熹のもと、士大夫の間で着実に支持者を増やしていた。理想論・原則論を掲げ、何かにつけて時政を批判する道学派官僚を、韓侂冑は嫌悪し、弾圧したのである。

自らの声望に自信の持てない韓侂冑は、さらなる実績づくりに着手する。今度は対外的な功名を求め、金との戦いに打って出たのである（一二〇六）。彼の構想そのものは、実はあながち無謀ではなかった。折しもモンゴル高原にチンギス・カンが勢力を伸ばし、金の北辺を脅かしているとの情報をキャッチしていたからである。挟撃作戦に成算ありとの見通しのもと、韓侂冑は軍事作戦に踏みきったわけであるが（開禧用兵）、結局さしたる成果もなく戦線は膠着してしまう。

南宋側には韓侂冑の失策に対する不満が広がり、礼部侍郎の史弥遠（一一六四～一二三三）一派が画策して、韓侂冑を暗殺する。彼の首と引き替えに金は矛を収め、両国関係を叔姪から伯姪に変更すること（両国の格差は再び広がった）、歳幣の増額に加えて、さらなる賠償金を支払うことなどを約して、第四次金宋和議が成立した（一二〇八）。

韓侂冑に代わって権力を手中にした史弥遠は、こののち一二三三年に死去するまで、足かけ二六年にわたって宰相の座を占め続けた。権力基盤に不安のあった韓侂冑とは対照的に、史弥遠は明州の有力者の家に育ち、父の史浩（しこう）は宰相、自身も進士出身。経済的にも、文化的にも堂々たるエリートであった。

史弥遠の専権期間は、金がモンゴルに圧迫され、一二三四年にその最期を迎える時期と重なっている。したがって、モンゴルと和して金と戦う遠交近攻策に基づいて戦時体制が続いていくことになるが、国内政治は比較的安定していた。この間には一二二四年、寧宗逝去という出来事が起こったが、史弥遠は自分の推す傍系の王を強引に擁立し、帝位に据えている。理宗（りそう）（在位一二二四〜一二六四）である。理宗の在位はこののち四〇年も続くが、即位当初の約八年間は史弥遠政権が盤石で、理宗は傀儡に過ぎなかった。しかし一二三三年、史弥遠が逝去し、理宗の親政が始まると、南宋の命運も次なるステージへと進んでいくことになる。

南宋の終焉

理宗が政治のイニシアチブを取って最初に行ったのは、道学派の領袖、真徳秀（しんとくしゅう）・魏了翁（ぎりょうおう）らの登用であった。元号にちなんで端平更化（たんぺいこうか）と呼ばれるこの動きは、政治改革としては短期間で挫折してしまう。

しかし、曲阜(山東省)の孔子廟に祀られる儒者のラインナップから王安石を外し、周敦頤・程顥・程頤・張載・朱熹という歴代道学の中心人物を追加したこと(一二四一)は、これまでしばしば逆風にさらされてきた朱子学を学術・思想の正統に位置づけたという意味で、中国史上を画する一大転換点であった。

端平更化が不調に終わって以降、理宗は政治への熱意を失ってしまい、宦官などの恩寵勢力が幅を利かせることになるのだが、幸い北に境を接するようになったモンゴルの方にも内紛が生じており、国運を左右するような差し迫った局面はしばらく訪れなかった。

状況が変化するのは、モンゴルにおいてモンケ(憲宗。在位一二五一〜一二五九)が即位してからである。モンゴル内部における主導権を確立したモンケは、一二五八年、いよいよ南宋攻略に本腰を入れ始める。とりわけモンゴル軍の左翼、クビライ軍が攻撃した鄂州(湖北省)の帰趨は戦略上大きな意味を持ったため、宋側も賈似道(一二一三〜一二七五)を派遣して防戦を図った。

ところが一二五九年、モンゴル軍本隊を率いていたモンケが四川で急死する。このとき鄂州を囲んでいたクビライは、モンゴル高原を守っていた弟アリクブケのカアン位就任を怖れ、ただちに賈似道と秘密裏の停戦協定を結んで戦線を離脱。本拠地のあった上都開平府への「大返し」の末に、お手盛りのクリルタイを開いて、カアン位継承を宣言した(世祖。在位一二六〇〜一二九四)。

一方、賈似道は和議の真相を匿したまま都に凱旋。救国の英雄として迎えられ、こののち一六年間にわたり宰相として権力を掌握する。後世、「亡国宰相」の典型として悪評を一身に浴びるこの人物は、在任中の事績、とりわけ経済政策に目を向けると、実は見るべきものが少なくない。その代表例である公田法は、大土地所有者が持つ許容限度外の田土を政府が買い取って公田とし、その収穫を軍糧に充てるものであり、軍糧調達の合理化・円滑化に大きく寄与した。

しかし、アリクブケとの争いに勝利したクビライが、攻撃の手を再び本格化させると、南宋の劣勢は次第に覆いがたいものとなる。一二六四年、理宗の後を継いだ度宗(在位一二六四〜一二七四)は、諸情勢を直視せずに逸楽生活に興じ、中央政府は機能不全の度を深めていく。

そして国防上の最重要拠点だった襄陽が、五年の籠城の果てに一二七三年に陥落すると、戦局は一挙に動き始める。「鄂州の奇跡」の再現を期待されて出陣した賈似道が丁家洲の戦いで惨敗すると、杭州はもはや裸同然となり、一二七六年、理宗の皇后だった謝氏の名で全面降伏するに至ったのである。

杭州陥落後もなお、度宗の遺児を奉じた陳宜中・張世傑・陸秀夫・文天祥等が福建・広東でゲリラ活動を展開するものの、残存勢力は次第に南へと追い詰められ、一二七九年、広州沖合の厓山(崖山)で海の藻屑と消えた。一〇世紀、燕雲十六州を失った状態で誕生した宋朝は、最後まで北方遊牧国家への対応に追われ続けたまま、三〇〇年余の命脈を終えることとなったのである。

二　江南の繁栄

杭州――破格の「首都」

南宋の歴代皇帝が居住した杭州（臨安府）は「行在」と呼ばれていた。この語の原義は、すでに述べたように「天子が都外に行幸した際の仮の居処」の意であり、つまりは「本来の都（開封）から一時的に出かけてきている宿所」という扱いだった。南宋の杭州は東晋の建康とよく似た位置から、「首都」としての歴史を始めたのである。

杭州は、古く春秋時代に越の都が置かれたが、その後は中規模の地方都市に過ぎなかった。西を西湖に、西南を鳳凰山（ほうおうざん）に、東南を銭塘江（せんとうこう）に挟まれて平地は少なく、大規模な都市は造りようのない立地である。その後一〇世紀になり、呉越がここを拠点に海上展開したことをきっかけに再び繁栄しはじめ、北宋期の江南では蘇州に次ぐ都市となった。

しかしながら、都市の成り立ちは唐代の長安・洛陽とは似ても似つかない。それらは「宇宙秩序の再現」という壮大な構想のもと、北方の大平原に設計された都市であった。北宋の開封は、唐末までは地方都市だったものの、外郭城を拡張できる余地があり、首都にふさわしいサイズを一応確保していた。

それにひきかえ杭州は、宮城は何とか高台に確保したものの、その位置は都城南辺の鳳凰山麓にあり、官庁街も城内にアットランダムに散在していて、宮城を都城の北に寄せる正統的な都城プランは望むべくもない。宮城北門から真北にメインストリート（御街）を配したものの、条坊制にもとづく方形の外郭は建設されなかった。仮住まいのつもりだったので、間に合わせの配置で良しとされたのである（図27）。

しかし杭州は、靖康の変後のごたごたで北方から亡命してきた流民を多数受け入れながらしだいに膨れあがり、南宋一五〇年の歴史を通じて世界屈指の繁栄を誇る都市へと変貌していく。その賑わいは、孟元老『東京夢華録』に範を取った都市繁盛記、呉自牧『夢粱録』や周密『武林旧事』（いずれも南宋末から元初にかけて成立）などに余すところなく描かれている。

御街を中心に広がる商業区には、金融機関や卸売市場、各種小売商が軒を連ね、豊かな物産が並べられた。野菜や魚、肉は近郊の農村・漁村から直送される。米穀、衣料、陶磁器、薪炭、木材、塩・茶・酒などは、国内の特産地から水運を通じて集まってくる。そして海外からは、香料や薬剤、装飾品などの奢侈品が届き、富裕層の需要に応じた。

交易が活発化すれば、酒楼、妓館、演芸場などの娯楽もついてくる。瓦市と呼ばれる盛り場では、講談・歌謡・曲芸・芝居など各種芸人が人びとを楽しませた。杭州で売られる商品やサービスは、南宋時代に大きく進展する「社会的分業と流通経済の縮図」だった。

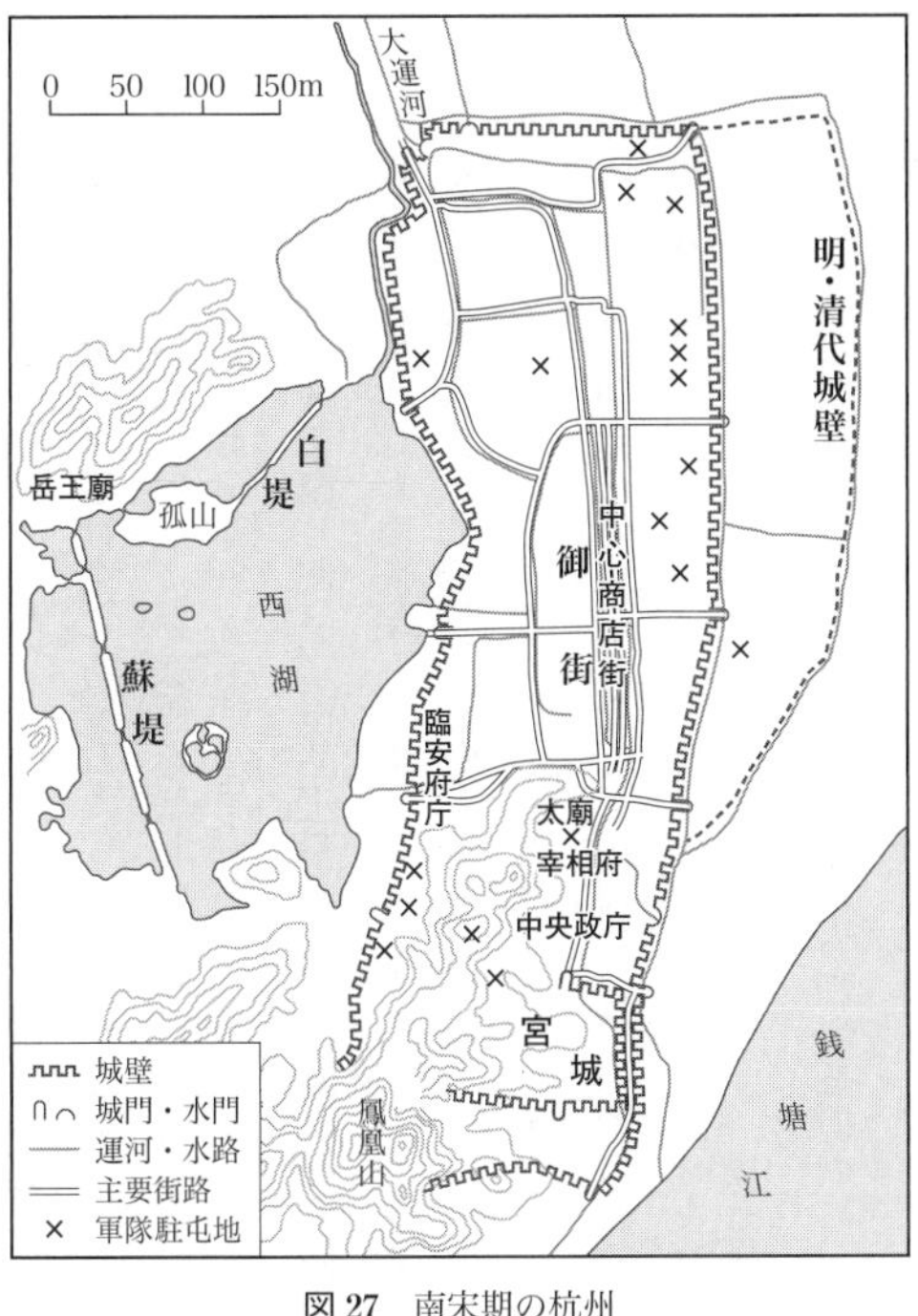

図 27　南宋期の杭州

都市の人びと

こうした趨勢は、商人の成長を大きくうながした。彼らは宮城の西、鳳凰山麓に邸宅を構えて、杭州内での存在感を高めていった。

彼らが起こした南宋期の経済成長は巨大なものであり、市場の広がりからいっても、都市化の進み具合からいっても、同時代の欧州をはるかに凌駕(りょうが)していた。そのことは、一三世紀末に杭州に滞在したとされるマルコ・ポーロが、この都市の繁栄に寄せた驚嘆からも明白である。

都市化の影響は、下層社会にも表れた。本籍地からはみ出し、都市に流入したアウトローたちが雇用労働の担い手として存在感を増していったのである。

彼らの「就職先」は多様だった。政府は兵士（募兵）として彼らを雇い、都にある禁軍の軍営に住まわせて、訓練を施した。宗室諸王や高官、富商などの使用人として雇われる場合もある。これらはうまくいけば終身雇用してもらえることもあったから、比較的恵まれた仕事だったろう。「一芸」を持つ者なら、芸人や遊妓などで食べていく手がある。たとえ無芸でも、土木工事や運送業、汲み取りなど日雇い単純労働の「求人」はあったし、いよいよなら物乞い、あるいは盗賊団など闇組織の使い走りなど、糊口（ここう）をしのぐ術はいくらでもあった。社会的分業が進んだ都市社会には、そうしたアウトローの潜り込める余地なり隙間なりが、しだいに広がっていったのである。

都市化の波は、周囲にも広がる。人口百万の杭州を頂点に、江南デルタには数万から数十万規模の都市が他にも多数分布し、他地方の中核都市も総じて大規模化した。そして商品経済の波が農村にまで届き始めると、鎮（ちん）・市（し）と呼ばれる自生的なマーケットが続々と生まれ始め、農村と県（国家機関の最末端）を商品流通によってつなぐ役割を果たした。

社会的分業の進展、商品経済への移行、そして水運のインフラ整備とコストダウンは、それぞれ互いが因となり果となって進んでいく。すると、地域の特色を生かした産業に特化し、不足は他地域から移入することが可能な条件が整いはじめる。とりわけこの時流にぴたりとはまったのが、第三章でも述べたように福建だった(一二〇頁)。

全ての民が「男耕女織(だんこうじょしょく)」、すなわち男女分業で生活必需品(衣・糧)を自給自足するという理念のもとで社会が編成されていた「古典国制」の時代からは、社会設計の根本が変わった様子が見て取れるであろう。

商業発展の岐路

このように世界屈指の発展を遂げた南宋の経済ではあるが、別の面にも目配りしておく必要がある。南宋杭州の研究書『中国近世の百万都市』の著者、J・ジェルネ(一九二一～二〇一八)の表現を借りれば、これほどの発展にもかかわらず、当時の中国では「商人が金持ちになること以外は何も起こらなかった」。つまり中国の大商人は、西欧近代化の担い手となったブルジョワジーにはなりえなかった。これは近現代に至るまでの中国史を考える上で、重要なテーマである。

中国と西欧の命運が分岐した理由はさまざまな説明が考えられるが、商人が国家権力から自立した独自の階級を形成しえなかったことは、大きなポイントの一つである。

欧州の場合、中世にはギルドが身分団体としてまとまっており、都市の参事会にも代表を送り込んでいた。近代以降、ブルジョワジーが出現したときも、各業種の利害を体した代表が議会に送り込まれ、規制の緩和、自由経済への転換に大きな役割を果たした。

一方、中国の場合、たとえば宋代の商人たちは「行(こう)」と呼ばれる同業組織を結成している。これを欧州のギルドと重ね、そこに「資本主義の萌芽」を見出そうとする考え方もかつてはあった。しかしその後の研究において、「行」は国家が必要とする物資の調達や、国家が徴収した財物の市場引き受けなどを担う下請け的な組織であったことが明らかにされた。ギルドのように排他的な特権を持つ自律性・完結性の強い団体として、「行」を位置づけることは難しいのである。

では、前近代の中国において商業で成功した富裕者は、その力を維持・拡大するために次に何を行うのか。前章で述べた士大夫と同様、富商たちも何もしなければ均分慣行によって家産が零細化してしまうから、積極的な拡大路線が必要となる。たとえば学問のできる子弟を選んで受験勉強をさせつつ、別の者には商売を継がせ、また別の者には農地を買って地主にするなど、「攻めの経営」を試みる。だから、一つの家系に士・農・工・商が並存することも普通にみられる(もちろん中国の「士」は士大夫＝文人であって武士ではない)。必要があれば居処についても他地域へ移る、あるいは内外あちこちに住まわせるなどして、リスク分散を図った。地域面でも、業種面でも、多角的に展開するのが中国における家の姿であった。

このようなさまざまな選択肢のなかで最も理想的なのは、何といっても一族のなかから科挙合格者を生み出すことである。

宋以降の科挙官僚は「官僚・地主（資本家）・読書人の三位一体構造」であると言われる。日本や欧州が職業身分ごとに権能を分け合う（政治は武士、経済は豪農・豪商、文化は公家・僧侶のように）社会であるのと大きく異なり、中華帝国では官僚になれば政治力・経済力・文化力すべての社会的威信を総取りすることができた。しばしば用いられる「昇官発財」という言葉には、中国において政治的成功と経済的成功が密接にリンクしていたことがよく表れている。

したがって、富商たちは同じ職種に属する人たちと連帯して身分団体を結成し、国家に対抗するよりも（各家系が多角経営なので、業種ごとの団体を結成する前提条件がそもそも欠けているのだが）、むしろ国家権力の一角に食い込み、国家機構内で上昇することをまずはめざした。前近代中国の経済的成功者から、国家権力を掣肘する動機を持った身分団体は生まれなかったのである。

他方、西欧の場合、家系と職能は不可分に結びつき、しばしば世襲的に継承されていた（この点において、日本は西欧と類似する部分が大きい）。片や家産均分と多角経営を軸とする流動的な非身分社会、片や嫡子単独相続と家職一体を軸とする固定的な身分社会。この社会構造の対照性は、世界史上における近代化の「分岐」を考えるうえで極めて重要な観点である。

江南の開発――第二発展期(その三)

唐代中期以降、「第二発展期」に突入していた江南開発は、南宋時代にも順調に進展した。北宋末の混乱で数百万人規模の移民が北から押し寄せたため、江南デルタ開発やフロンティア拓殖に、豊富な労働力が提供されたのである。江南の微高地には溜池灌漑による水田開発が進み、経営の安定性が増した。低湿地帯では、囲田・圩田・湖田などと呼ばれる、堤防で囲って干拓を行う開発が盛んになった〔図28〕。

品種や農具など、技術面の改良も顕著だった。北宋期に導入された占城稲など早稲品種は安価な大衆品として、南宋期の人口増を下支えした。質の高い晩稲品種は納税や富民の需要に応じ、商品価値も高かったので国内外への移出・輸出用にも用いられた。『陳旉(ちんふ)農書(のうしょ)』に代表される技術書が、出版の活発化と歩調を合わせて広まり、施肥の本格導入や、小型軽量のため牛一頭で牽引できる長床反転犂(ちょうしょうはんてんり)等の農具普及に貢献した。

この結果、「蘇湖(そこ)(蘇常(そじょう))熟すれば天下足る」といわれた江南デルタを筆頭に、南宋治下の農業生産は大きく成長したのである。

宋代における農村の戸籍は主戸(しゅこ)・客戸(きゃくこ)に区分されていた。それぞれの定義には諸説あるが、田地を私有し税役を満額負担するのが前者、田地を私有せず（多くの場合は他者の田土を小作しつつ）税役を一部のみ負担するのが後者とするのが最大公約数的な理解である。南宋の統計では主戸が七〇～八〇％、客戸が二〇～三〇％であり、自作農中心の構成だった。

ただし、主戸か客戸かの区分は、各戸の経営実態（自作農か小作農か）をそのまま表しているわけではない。土地を持たない客戸はもちろん、主戸であっても、家計の補助等の理由で他者の田土を小作することはありえたからである（これを「自小作農」という）。

図28　囲田（王禎『農書』より）

この時代の生産関係は、しばしば「地主 - 佃戸制」と呼ばれる。佃戸（小作人）の評価は一九五〇～六〇年代の日本の中国史学界において、「時代区分論争」と呼ばれる激しい論争の種となった。周藤吉之（一九〇七～一九九〇）・仁井田陞（一九〇四～一九六六）など歴史学研究会という学会に集う学者たち（歴研派）は、佃戸を地主に強く隷属する存在と考え、これを西欧史の農奴と重ねて、宋代中世説を唱えた。他方、宮崎市定ら京都学派は地主と佃戸の関係は契約に基づくものとし、佃戸を自由度の高い賃労働者に見立てて、宋代近世説を主張した。双方の主張は平行線をたどり決着が付かなかったが、論争過程で深まった実証的成果により、佃戸を農奴や賃労働者に単純に比定することの困難さはしだいに共通認識となっていった。

したがって、たとえば「農村が富農(地主)と貧農(小作人)に二極分化し、前者が後者を永代搾取していた」というようなタイプの社会関係をイメージしてしまうと、宋代農村の現実とは著しく乖離(かいり)してしまう。

第一に、そもそも農村内で多数を占めていたのは一貫して小農民であり、大土地所有者のプレゼンスを過大視できない。第二に、地主の所有地は広い範囲に断片的に散在する場合も多く、一円的な大土地経営を行いえた地主は一部に留まっていた。第三に、ひとくちに佃戸といっても地主に緊縛される隷農のような存在はごく一部で、いくばくかの自作地を有する自小作農もいれば、移動の自由を妨げられない雇用契約のようなケースも多く、地主への隷属度は一様ではなかった。第四に、地主の地位は、士大夫や富商と同様、家産均分慣行ゆえに不安定だった。彼らもやはり、経営の多角化(官僚の輩出、商業への進出など)によって地位の保全を目指したが、何世代にもわたって勢力を維持できる者は限られていたのである。

南宋の経済統合――財政と貨幣

南宋の人口は、一二世紀末の安定期には六〇〇〇万人だったと推計されている。長江以南は山地が多いため、江南デルタなど限られた平地に大人口を受け入れる人口密度の高い社会が広がっていた。本節でここまで通観したように、南宋の社会は都市にせよ、農村にせよ、前代に比べて格段に流動性を増した。こうした状況に対し、南宋の王朝中枢はどのように向き合ったのだろうか。ここでは、国家財政の面から眺めてみよう。

まず歳入と歳出の関係は北宋期と概ね変わりがなく、歳出のほとんどを占める官僚(四万人弱)・募兵(一〇〇万人)の人件費を、両税、間接税(専売、商税、酒税、対外交易など)および和糴(わてき)(市場に流通する商品米の買い上げ)によってまかなう、という構造が続いた。間接税や和糴は、いうまでもなく商品経済に依存する財源である。両税も州県ごとの徴収額は固定され(定額制(ていがくせい))、唐の租調役制のように戸籍の恒常的な管理・更新を必要としない点で、社会的分業が広まり、流動性の高まった時代に応じた設計になっていた。

財政上の需給関係を空間的に調整する漕運は、前節でも述べた長江沿線に四か所設けられた総領所が担うことになり、その構造が北宋期とは大きく様変わりした。北宋は開封を中心に江南と北辺が一元的に結ばれていたのに対し、南宋は総領所がブロック単位で分担したのである。対外防衛を岳飛ら軍閥に依拠せざるを得なかった南宋にとって、国防の実を挙げつつ、軍閥の増長を抑えるという難しい課題を両立するには、この体制が適していた。

対外的緊張という国家レベルの難局と、流通経済の活性化という社会レベルの変化のそれぞ

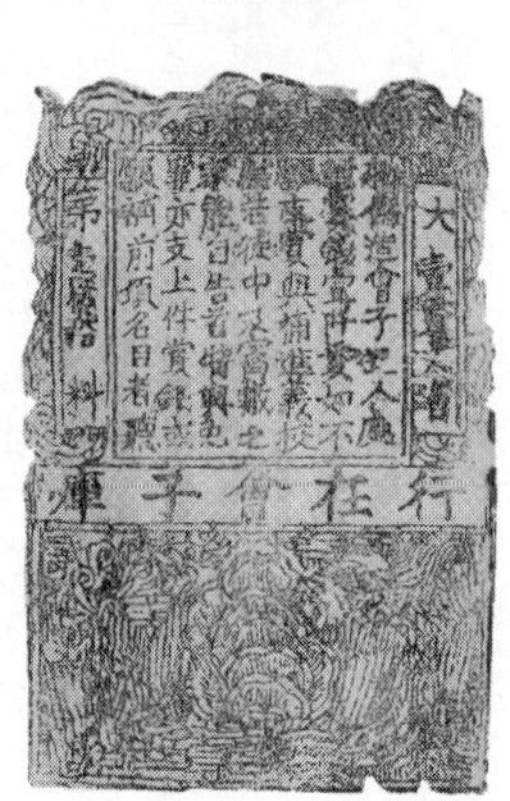

図29　銅銭(皇宋通宝)と会子

れに対応するために重要だったもう一つの柱が、貨幣政策であった。

基軸通貨だった銅銭の鋳造額は、一一世紀後期の王安石新法期をピークに減少した。そこに海外流出という要因が加わり、南宋期には銅銭のみで貨幣需要に応えていくことが難しくなっていた。そこで北宋期から用いられ始めた鉄銭や紙幣(会子など)が、南宋になって本格的に導入されていくことになる。鉄銭は、銅銭の流出を防ぐために金国との国境地帯で用いられ、紙幣は東南会子、淮南交子、湖広会子、四川銭引のように地域別に使用されるなど、諸貨幣の使用範囲はもともと厳密に区分され、紙幣の発行量も兌換準備をふまえて抑制されていた。ところが一三世紀初頭の開禧用兵ころから制御が緩み始め、次第に不換紙幣化して、インフレを引き起こす、という政権末期お決まりの足取りをたどっていくことになる〔図29〕。

法定通貨以外には、銀の使用がこの時代から広まり始めた。ただし南宋の時点における使用の場面は、官僚や兵士の給与、専売、外国・遠隔地交易の大口決済など限定的であり、貨幣自体が浸透途上にあった農村とのギャップは大きかった。

南宋時代、財政は総じて流通経済に足場を移していく。国家権力が戸籍を不断に更新しながら末端の民を厳格に掌握しようとする唐代までのような財政運営は、後退していった。「専制国家と基層社会の乖離」という宋代以降に顕わとなる社会関係(後述)は、財政のあり方においてもこうして明確になっていくのである。

三　海上帝国の形成

「海の時代」への突入

福建省泉州市の代表的観光スポットの一つ、清浄寺はモスク、すなわちイスラーム寺院であり、北宋前期の創建(一〇〇九)以来、今日に至るまで信仰を集めつづけている(図30)。

中国のムスリムというと、回族やウイグル族など西北部の人びとを想像するかもしれない。こうした地域のイスラーム信仰は中央アジアの陸路経由でもたらされたものである。他方、海路で東南アジアを経由する伝播も実は無視できない。今日でも、ムスリム人口の国別ランキングトップはインドネシアである。仏教と同様、イスラーム教にも北伝と南伝の二ルートが存在した。そして商才に長けたムスリムは、ユーラシアの東西を結ぶ通商路を水陸双方において開拓した。

図30　泉州清浄寺

そのうち南伝のイスラーム教は、唐代から記録が見え始め、七世紀にはペルシア（波斯）人が、八世紀以降はアラブ（大食）人が交趾や広州に姿を現す。そして九世紀にはそこに新羅商人や中国商人が加わって、「海の時代」の幕が切って落とされた。船舶改良や季節風利用のノウハウ確立など、安全性を高める技術革新もこうした動きを後押しした。

一〇世紀になると、交易を通じて力を伸ばした港市国家が東南アジアにおいて拮抗する。沈香交易で繁栄する占城、マラッカ海峡諸国の連合体である三仏斉、米・塩・手工業製品を輸出するジャワによる三極構造が形成されたのである（第三章一二〇頁）。

中国沿岸の港市も、こうした動向のなかで次々に発展する。代表的なものとしては、まず杭州湾口以南の南洋方面では、広州、潮州、漳州、泉州、福州、温州、台州、明州（寧波）が挙げられ、特に広州と泉州には蕃坊と呼ばれるムスリム商人の居留区が設けられていた。水深が深いこのエリアの海域には、尖底構造のジャンクが用いられた。ジャンクは大型だと乗組員数百名、積載量数十トン級のものがあり、西はインド洋を越え、アフリカ東岸にまで達していた

〔図31〕。

他方、杭州湾口以北の北洋方面では、登州・密州などが分布するが、こちらは水深が浅いこともあり、平底の沙船が用いられた。

折しも羅針盤や海図の利用が広まったこと、手形など遠隔地交易を支える制度が普及したことなども追い風となり、「海の時代」への展開はいっそう加速した。

図31　ジャンク船(上：リンスホーテン『東方案内記』1596年より，下：復元模型)

南宋海上帝国

北宋は、こうした諸港市のうち、杭州・明州・広州に市舶司を設け(のちに泉州も追加)、対外交易を管理して収入を増やした。北半を失った南宋になると、対外交易の利益は貴重な収入源として、重要度がさらに増していく〔巻頭地図参照〕。

海外からの舶来品はまず、課

税（抽解）や先行買付（博買）の形で市舶司に納められた。これが貴重な国庫収入となる。そして残った品物が、中国の民間商人と売買されることになる。

東南アジアや西アジアからの輸入品には、士大夫や寺院が珍重した香料（乳香、沈香、白檀など）、薬用に加え調理への使用も広まった香辛料（胡椒、ナツメグなど）、装飾品の原材料となる犀角・象牙・珊瑚・瑪瑙・玳瑁・琥珀などが挙げられる。中国からの輸出品は絹と陶磁器が中心だったが、銅銭が禁制を破って流出したことも注目される。宋銭は、宋朝政府の思惑をはるかに越えて、日本を含めたユーラシア東方の各地で求められ、今風にいえば国際基軸通貨の役割を果たしたのである。

交易の深まりとともに、南方諸国への関心が高まり、知見の蓄積も進んだ。南宋時代には、広東・広西地方の情報を集めた周去非『嶺外代答』（一一七八）、泉州市舶司の長官を務めた趙汝适の手になる『諸蕃志』（一二二五）などの書籍が著された。これらは、交通路、各国の位置関係、政治制度、風俗、物産など、中国国内で盛んに編まれた地方志と類似する項目に加え、売れ筋商品の紹介、取引先で生産される産物の採取・加工法、現地の取引ルールなど、商業本位の項目も加わり、時代性を感じさせる構成になっている。

南宋にとって、海域諸国との関係は、経済面のみならず、国際政治の面でも重要であった。これら諸国は定期的に朝貢使節を送り、南宋中心の華夷秩序に組み込まれる存在だったからである。契丹・女真（＝北朝）の台頭にともない、高麗など北方諸国は「北朝」に朝貢するようになっていたため、南宋の華夷秩序は海域諸国に大きく比重を移すようになった。

海域に足場を置き、「北朝」を包囲するように形成する華夷秩序と通商重視、という六朝時代にみられた「江南立国の王道パターン」が、南宋においても再現されたのである。

南宋が金やモンゴルと対抗していくためのもう一つの裏付けが、水軍力である。その主力は、いまの漢口と長江河口に編成された大海軍であり、一一六一年に山東沖で金軍を破るなど、しばしば戦況を南宋優位に転換しており、国勢の維持には欠かせぬ軍事力となった。

ところが一二七六年に杭州が陥落すると、最大の海軍基地を喪失した南宋は急速に衰える。南に逃れた亡命政権は、「アラブの大富豪」にして泉州市舶司の長官でもあった蒲寿庚（ほじゅこう）を頼り、泉州を拠点に反撃に出ようとした。ところが政権側が蒲寿庚の資産を強制徴発しようとしたことから両者に溝ができ、蒲寿庚はモンゴルに寝返ってしまう。多くの資産と船舶、人員を掌握する彼の転身が致命傷となり、南宋は福建を放棄して、終焉の地広東へと逃亡を余儀なくされた。「海の力」に依拠してきた南宋の末路を象徴する事件であった。

以上のように南宋は、①海域諸国の朝貢によって中華王朝としての面目を保ち、②経済基盤を海域諸国との通商に置き、③国防の柱を海軍力に据えていた。こうした国際政治面、経済面、軍事面のありようから、南宋は「海上帝国」と称される。

中国は、一般的に大陸国家と見なされることが多いが、その一方で二一世紀に至るまで一貫して「海洋立国」の一面を備えてきたことは、見落とすことができない。南シナ海への「海洋進出」を強める近年の動向と行動原理を理解しようとするなら、六朝や南宋を起点に据え、「海の視点」から歴史的経過を押さえておくことが是非とも必要であろう。

寧波から見える日本

「海の時代」の波は、そのまま東へと延び、日本へと達する。九世紀、遣唐使の「廃止」と入れ替わるように、数多くの仏僧が半ば公的な役割を担いつつ渡宋し、さらには海商を主役とする民間交流が密になって、平安中期の唐物ブームをもたらしたことは前章で述べたとおりである。

中国側で窓口となった港市は、唐代は揚州だったが、五代の呉越以降、明州(寧波)に替わり、宋代には市舶司が設けられて、日本との交易管理を担当した。明州は、河口から甬江(ようこう)を遡って市域に入るまでの水底が深く、大型船舶が停泊可能な良港で、しかも絹や陶磁器など商品価値の高い品々を産する後背地が広がる、申し分のない商業都市でもあった。

その重要性はとりわけ南宋に入ってから高まり、首都杭州と極めて近く、さらに北洋と南洋の中間に位置するという好条件が重なって、西はイスラーム圏から東は日本までさまざまな船舶が押し寄せた。その繁栄は、清末に上海が台頭するまで続いたのである。

両宋交替期、大陸が混乱していた期間には、日本僧の入宋が一時期減少傾向になったが、一二世紀半ばに台頭した伊勢平氏の日宋貿易により、両国の関係は再び緊密になる。南宋から日本には、銅銭や陶磁器、絹織物、書籍などがもたらされ、日本からは硫黄や木材が輸出された。平清盛（一一一八～一一八一）や後白河院（一一二七～一一九二）は、南宋二代皇帝の孝宗（一一二七～一一九四）や朱熹（一一三〇～一二〇〇）とほぼ同じ時代を生きた。清盛の父、平忠盛（一〇九六～一一五三）は秦檜（一〇九一～一一五五）と同世代である。

忠盛が西海の海賊討伐に功を上げ、宋との交易に携わるようになった一一三〇年代は、秦檜が権力を握り、金宋講和に動きはじめた時期と重なる。清盛による日宋貿易の最盛期（一一七〇年代）は、南宋が海陵王の侵攻を斥け、第三次金宋和議（一一六五）を結んだ後の安定期に当たる。平氏の成長は、南宋が建国当初の混乱を乗り越え、海洋立国への傾斜を強めていく過程と軌を一にする現象であった。

「海の時代」の恩恵にあずかったのは平氏だけではない。北の覇者、奥州藤原氏もしかりである。とりわけ第三代当主、藤原秀衡（一一二二～一一八七、彼も孝宗と同世代である）の時代には、平泉から北上河口へ出、太平洋沿いに博多にアクセスして、寧波商人と交易するルートが確立された。奥州産の砂金の輸出や、蝦夷地の産物の中継交易を行う一方、宋からは陶磁器や仏典などを招来して、仏教都市平泉が栄えたことはよく知られている。

仏僧の渡宋は一〇八〇年代からしばらく途絶えていたが、一一六〇年代には重源(一一二一～一二〇六)や栄西(一一四一～一二一五)らが大陸に渡った。とりわけ栄西が宋で学び、持ち帰った禅は、その後の日本仏教に多大な影響を与えていくこととなる。

一二世紀末から一三世紀、日本の鎌倉時代にも、商人と仏僧の往来は継続した。鎌倉幕府はとりわけ禅宗を重視し、蘭渓道隆(一二一三～一二七八)や無学祖元(一二二六～一二八六)など、著名な禅僧を宋から招聘している。こうした状況は、大陸での宋元革命、モンゴル軍の日本侵攻等にも関わりなく、一貫してつづいたのである。

第五章　「雅」と「俗」のあいだ

朱熹像(台北故宮博物院)と朱熹墓(福建省南平市)

本書はここまで「船の世界」を主旋律、「民の世界」「官の世界」を副旋律として、モンゴル帝国以前の「中国」史を概観してきた。中原に生まれた「古典国制」が広がり、長江流域や大運河沿いの「船の世界」を取り込んでいくプロセスについては、時代を追ってたどっていただけたかと思う。

一方、「民の世界」「官の世界」については、各章、時代別に区切って述べてきたため、その全体像が読者各位の頭に十分結べていないのではないだろうか。この点について、ここまで述べてきた内容には、特に一九八〇年代以降に解明された成果が多い。アカデミズムの場ではすでに共有されているものの、市民の共通教養としてはまだまだ広まっていないのが実情である。それらのなかには現代中国の理解に資する知見も豊かに含まれているだけに、高校世界史の教科書などにも反映させながら、それらを広めていくことが望まれる。

そこで本章では、そうした近年の学術的成果を踏まえつつ、中国史上の民衆や士大夫について、いま少しの深掘りを試みたい。その際、本巻がカバーする南宋までの実証研究において十分明らかになっていない部分については、明清史・近代史研究の成果も先回りして一部採り入れながら、今日の研究水準を示していくことをあらかじめお断りしておきたい。

一　俗――地域社会の姿

『清明集』に見る地域社会

宮崎市定が「東洋のルネサンス」と呼んだように、宋代は中国史上の一大画期として、ずっと重視され続けてきた。そのなかで本章において注目したいのが、出版技術の向上と識字層の拡大にともない、世に出る書物の量が飛躍的に増え、その内容もバラエティーに富むものになっていったことである。

書物が増えたのだから、今日まで伝存する歴史的情報も当然増える。唐以前の史料からは朧気にしか透視できなかった民衆の世界も、宋代以降はだいぶ子細に把握できるようになる。

そこで最初に、地域社会に暮らす人びとの生をヴィヴィッドに伝える史料として知られる『名公書判清明集』（以下『清明集』）に触れてみたい。同書は大陸では早くに散逸し、日本の静嘉堂文庫に宋版のごく一部が伝えられるだけだったが、一九八〇年代になって北京図書館から明版の残本が、上海図書館から同じく明版の完本が発見され、大きな話題を呼んだ。

一三世紀に成立したこの文献には、南宋時代の地方官が行った裁判の「判語」（判決文）が集められている。各判語は「名公」(立派な地方官)の手になる模範的な文例としてまとめられたものであり、個別的な事実に基づかないものも含んでいる。しかし、名公の視点という限定つきながら当時の社会状況の一端をうかがうことができる史料として、重視されている。

同書に映し出された南宋江南の地域社会は、きわめて苛烈である。「豪民(ごうみん)」「豪横(ごうおう)」などと呼ばれる有力者が我が物顔で地域を牛耳り、一般民衆はその圧力にしばしば苦しめられた。しかし民衆とてされるままにはなっていない。トラブルが起これば役所に訴え、自らの正当性を主張する。裁きの結果に納得がいかず、役所の門前で自傷行為に及び、観衆を巻き込んで決死のパフォーマンスを敢行して、近親者の無罪を言い立てる男の事例なども『清明集』は紹介している。不利な社会的条件をあれこれ背負ったような人たちであっても、たやすくはめげない、くじけない。いっぱしの意地と行動力を備えた、たくましき民衆なのであった。

地域のボスたち

しかしながら、こうしたささやかな抵抗(プロテスト)が報われることはまれで、おおむね「強者」の前に蟷螂(とうろう)の斧(おの)に終わる。優勝劣敗(ゆうしょうれっぱい)の現実は、まことに厳しい。

地域を壟断(ろうだん)する「強者」にはさまざまな属性の社会集団が存在するが、その代表といえば一に豪民、二に胥吏であろう。

第一の豪民とは、平板な表現をすれば「地域のボス、有力者」ということになるが、その実態はたとえば近世日本の豪農・豪商のような特定の職業集団ではない。前章でも述べたように、中国の地域有力者は自集団の構成員を、農業や商業・流通業、あるいは徴税や専売等の官業請負などに振り分け、複合的な多角経営を展開することがしばしばだった。

地主や富商という「表の顔」は同時に、不動産の買い占めや専売品の密売等の「裏の顔」を合わせもつものであった。私設の暴力組織(要するに用心棒)をちらつかせての横紙破りも辞さないから、それが暴走すれば法に触れるような事態もしばしば起こる。

しかし、仮に取り締まりの対象になり、投獄されるようになったとしても、彼らにはさしてこたえなかった。役人を買収して量刑に手心を加えさせる者、獄中に酒を持ち込んでどんちゃん騒ぎを繰り広げる者など、まさに怖いものなしの振る舞いが当たり前のように出現する。獄吏とて、数年で異動する地方官より、地域で長く威勢を振るうボスたちの方が怖いから、迂闊(うかつ)なことはできないのである。

第二の胥吏とは、地方官庁の末端実務(主に徴税と裁判)を担う下級役人のことだが、彼らは正規任用された職員ではない。そうした実務は、もともと各地の富民層に賦課された「職役」により輪番で遂行されていたのが、次第に特定の人間が担う常設的なポストになっていく。そうした人たちを胥吏と呼んだのである(第三章一一〇頁参照)。

胥吏の仕事は、職役に由来することもあって無給だったのだが、彼らは裁判や徴税の際、告訴人や納税者から手数料を取って暮らしていた。この手数料は公定のものではなく、胥吏が任意に価格設定して懐に入れることができたため、搾取問題を起こしやすかった。しかも裁判の結果は、彼らのさじ加減一つでしばしば左右されたのである。

『清明集』には、そうした豪民・胥吏たちを地方官が裁判にかけ、処罰する過程が数多く記されており、「正しき地方官」による「悪しき豪民・胥吏」の取り締まり、という対決図式が鮮明である。しかし現実には、両者は持ちつ持たれつの共生関係(共犯関係)になっているのが普通だった(だからこそ、地方官のあるべき姿として「名公の判語集」が受容されたともいえる)。

それは、郡県制という一君万民体制を支える統治システムがもたらす必然の帰結だった。地方官は中央から派遣された科挙官僚であり、三年ほどの任期で他地域へ異動する「腰掛け知事」に過ぎない。特に宋代以降は、本籍地のある州県への赴任を禁じる「回避制度」が徹底されたため、地方官はしょせんよそ者であり、任地住民の日常会話を理解することすら覚束(おぼつか)なかった。したがって彼らは、地域有力者の協力なしで行政実務を遂行することなどできなかった。

しかも歴代王朝の行政機構は極端な「小さな政府(チープ・ガヴァーンメント)」であり、地方官の権能は「銭穀(せんこく)」(徴税)と「刑名(けいめい)」(裁判)にほぼ限定されていた。歴史上、地方分権(封建制・領主制)が繰り返し否定されてきた結果、「専制国家と基層社会の乖離」(一五一頁)は著しく大きくなったのである。

「法共同体」の不在

ここまで眺めてきた『清明集』の地域社会像から、改めて気をつけておきたい点を二つほど確認しておこう。一つ目は、民間社会で起こるさまざまな揉め事が、県や州という国家権力に持ち込まれ、調停が図られているということ。二つ目は、豪民たちが多角経営によって生業を維持していたことである。一見無関係な両者には、共通するバックグラウンドがひとつある。

それは、家(血縁集団)や村(地縁集団)、ギルド(職能集団)など、さまざまなレベルで結成される社会集団(中間団体)が、中国の場合、「法共同体」としての自律性を持たないのではないか、という近年盛んに議論されている研究動向に関わる話である。

家のなかでの財産争い、村のなかでの土地争いなど、「内輪の揉め事」を内部のルールで解決することが可能な場合、その集団は「法共同体」としての自律性を備えていると見なされる。しかし、『清明集』をはじめ中国に残された裁判史料には、家庭内の些末ないざこざが役所にまで持ち込まれ、国家権力の審判を仰いでいるケースが数多くある。

それは家父長の「鶴の一声」で家内が粛然と収まる伝統的な日本のイエを見慣れた目には、にわかに馴染みがたい光景である。中国伝統社会には家父長制が存在せず、むしろ国家権力が家の内部まで介入する専制的な国制であるといわれる所以である。

村においても、構成員の利害を調整した上で集団としての意思決定を行うような機構がなく、共同業務もせいぜい農作物の窃盗防止のための監視（看青）程度に過ぎないといわれる。日常の農作業からインフラ保守、さらには冠婚葬祭まで、構成員の生活を丸ごと面倒見る伝統的な日本のムラとは大違いである。

こうした集団は、団体としての輪郭も曖昧である。村を例に取れば、日本や西欧などであれば、村民の資格要件が厳密に定められ、参入にも離脱にも高いハードルが設けられていた。これに対し中国では、聚落に居住する人間の出入りが頻繁で、それを規制するハードルも極めて低い。新参者がいつの間にか我が物顔で居座ることもあるし、反対に内部構成員の出奔も禁止されない。中国では、村の内・外に明確な境界を見出すことは困難なのである。

中国の農民が、ピンチになるとしばしば村外に跳びだしていくのにも、そうした背景がある。郷里にいられなくなって逐電する者、窮乏緩和のために出稼ぎに出る者、さらには飢饉等になって流民化する者など。積極、消極さまざまな理由で村を出る。そして富裕層の多角経営も、家産均分対策として、構成員を他地域・他業種に送り込む積極経営に打って出ていた、というのが実情だったのである。

つまり中国では、家・村・ギルドなどの社会集団（中間団体）が、日本や西欧のように固定的な（裏返せば安定した）枠組みを持たなかった。「昇官発財」の門戸が広く開かれていることと背

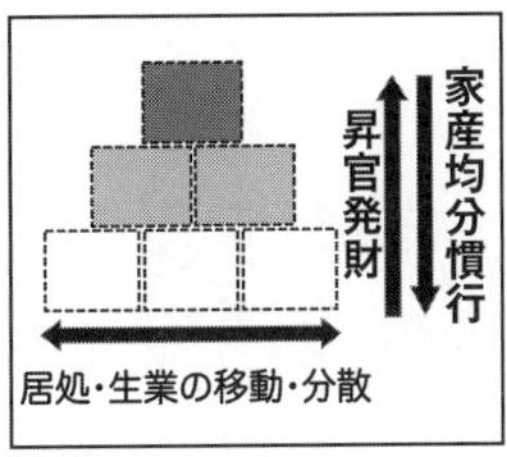

中　国
(社会的流動性＝高)

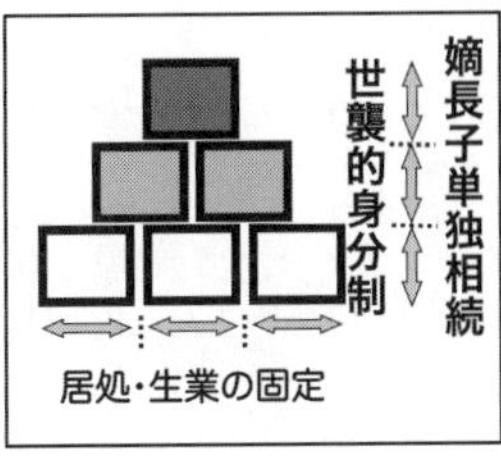

日本・西欧
(社会的流動性＝低)

図32　社会的流動性(概念図)

中合わせに、家産均分慣行や官僚身分の非世襲化など下降圧力も強く、さらには居処・生業の選択規制も弱いので、中間団体も、そこに属する人びとも、垂直・水平の両方向に激しく動く〔図32〕。中国は「社会的流動性」が高いと言われる所以である。

一方、国家は先述のように極端な「小さな政府」であるから、揉め事が裁判沙汰にでもならない限り、民間社会のこうした浮き沈みにはまるで関与しない。

これを民衆の側から見れば、国家や中間団体は彼ら・彼女らを「規制もしないが保護もしない」存在ということになる。中間団体が生活全般にわたって「規制もするが保護もする」日本や西欧との対比は明瞭である。

アウトローたちのゆくえ

では、中間団体に依存できない中国の場合、流動性の高い社会の荒波から人びとを「保護」してくれるものは何なのか。

それは「個人間の信頼関係」だとしばしば説明される。本書では、このような「個人間の信頼関係」の連鎖を「幇の関係」と呼んできた。人びとは何か困ったことがあると「友達の友達はみな友達」式に伝手(つて)をたどって保護を求め、活路を見出す。頼られた側は「共通の友達」との信頼の証しとして、「友達の友達」の保護に全力を傾ける。利害を共有する者どうしで目的別の任意団体をつくることもある。そしてここまで繰り返し見てきたように、「幇の関係」は、士大夫も、編戸も、アウトローも、あらゆる階層の人びとが取り結ぶものだった。

「幇の関係」は、一君万民の原則からは一貫して排撃されつづけた。「はじめに」で紹介した宮崎市定の「電線の比喩」を借りれば、「君」と「民」の中間領域や外部領域に、皇帝権の介在しない「電圧」、つまりエネルギーの溜まり場が発生してしまうからである。

国家の立場からすれば、民衆は戸籍に登録された居処に住まって本業に従事し、税役を負担する「編戸」でいてくれなければ困る。しかし、地域社会における出入り規制が弱いため、民衆は「編戸」状態から容易に離脱し(逃戸)、アウトロー化する。

アウトローたちはしばしば社会秩序の攪乱要因にもなったが、その一方で都市・農村双方における雇用労働の人的資源ともなった。これもすでに述べたように、江南の大都市には日雇いの口がたくさんあったし、募兵になることもできた。唐宋変革期以降に進展した社会的分業は、一面においてアウトローたちの雇用労働が支えていたともいえるのである。

そして、世の中がきな臭くなれば、盗賊団や秘密結社、地域有力者が結成した私的な軍団に身を投じる者も出てくる。唐末の反乱勢力や諸藩鎮、北宋末の梁山泊や喫菜事魔、そして南宋初期の岳家軍など、いずれもアウトローたちを収容してふくれあがった軍事集団である。「軍に入れば食いっぱぐれがない」の道理で引き寄せられ入隊したアウトロー、という点では賊軍の兵士も官軍の兵士も変わりがない。「パッケージはまるで違うのに、成分は同じ」なのである。官軍の兵士とてその出自は農村からあぶれたごろつきに他ならないから、「募兵＝職業兵士」だからといって近代国家における志願兵制のような高士気・高練度のプロ兵士などでは全くない。「良い鉄は釘にならない、良い人は兵にならない」という俗言に表れているように、「武」は常に卑しまれる（尚ばれるのはもちろん「文」）。それが中国の伝統的価値観だったのである。

「武」の位置について

中国史上に繰り返し起こった王朝交替（易姓革命）はほとんどの場合、事実上の武力革命である。武力をもって覇権を握った実力者が、新王朝の創始者として帝位に即く。創始者になるのはたいがい前王朝の体制において周辺的な地位に（あるいは体制の埒外に）いた勢力であり、軍事的な実績を背景に、短期間で権力の頂点に駆け上がることが多い。本書第二章の魏晋南北朝史

図 33　岳飛像（浙江省杭州市の岳王廟）

などは、まさしくその繰り返しだった。他方、前王朝の中枢においてエリートだった者が内部昇格して新王朝を起こすケースは、王莽など少数である。

ところがいったん新王朝が創設されてしまうと、武功を誇る「開国の元勲」はむしろ煙たがられ、粛清の対象になることもしばしばだったし、その子飼い兵たちも指揮下から引きはがされた。前漢の韓信などがその典型である。建国に寄与した「荒ぶる武力」は新体制のもとで解毒され、無機質で官僚制的な禁軍組織に再編成される。

歴代王朝は安定期以降になったころから決まって弱兵ぶりをさらけ出す。それは、専制国家の組織論理が、「内部に芽生える攪乱要因の除去」を、対外防衛より優先させるからである（この発想は、共産党の掃討を対日防衛より優先させた蔣介石の「安内攘外」論のように、近代になっても根強かった）。

政権中枢と前線軍・地方軍の相互不信は構造的なものであり、後者の制御に失敗すれば北魏の六鎮、唐の安禄山、明初の朱棣（永楽帝）、明末の呉三桂のように政権に致命的なダメージを与えるが、成功すればしたで、「杯酒釈兵権」後の北宋や、岳飛を誅殺した後の南宋のように国防上の戦力ダウンを招きかねなかった(図33)。

封建社会(日本や西欧)や部族社会(中央ユーラシアの遊牧国家)であれば、集団の基礎単位が軍団に由来するため、「武」の組織論理を柱に国家機構を組み上げることは難しくない。しかし「文」を軸に編成された中華帝国において、「武」は官僚制の枠組みで処理されるにとどまり、武力そのものについては制度化の契機すらも備えていなかったかのごとくである。

そして卑しまれた「荒ぶる武力」は、基層社会から逸脱したアウトローたちの世界のなかで、沈澱しつつもポテンシャルを維持する。王朝が衰亡局面に入ったとき、「文」なる専制国家は、自ら動乱を収める力をすでに失っている。制度の外部(底部、暗部)に生息するアウトローたち、もしくは外来の遊牧軍団などが覇権を握り、それらが王朝そのものを一新してしまう易姓革命を繰り返す一方、文官機構の方は王朝交替にかかわらず永続する、という文武関係が長く続いたのである。

二　雅――士大夫のネットワーク

士大夫のジレンマ

前節では、『清明集』に頻出する「正しき地方官」と「悪しき豪民・胥吏」の対決図式はあくまでひとつの理想モデルであって、実際には両者もたれ合いになることが多かったこと、それは「腰掛け知事」の地方統治に現地有力者の協力が不可欠だったためであることを指摘したが、もたれ合いの背景にはもう一つ、考慮しておくべき要素がある。

それは当の地方官が、故郷に帰れば自身も大地主や大商人だった、ということである。そこでは彼らが地域のボスであり、当地に派遣される地方官と対峙する存在だった。

彼らは、地方官として職務に当たる際には、一君万民という「国づくりの論理」を最前線で担う責任者として、各層の「幇の関係」を断ち切る役目を課せられる。一方、帰郷して地域有力者の立場になれば、家運の維持がむろん最優先事項であって、自ら「幇の関係」を広げ、ときに触法・脱法すれすれの行為に手を染めながら、官僚支配の網の目からなるべく逃れようとする。幕藩体制など領主制の歴史になじんだ日本人は「地域統治者と在地有力者は同じ地域で累代変わらぬまま顔をつきあわせるものだ」と思いがちなだけに、こうした中国のややこしい社会関係はなかなかイメージしにくいだろう。

したがって、「はじめに」の図1で示した「国づくりの論理」と「人つなぎの論理」の並存は、社会全体の構造であると同時に、士大夫一人一人の胸中にも並び立ち、容易に折り合わないジレンマなのであった。王安石新法に端を発する宋代の党派対立は、この「国づくりの論理」重視派と「人つなぎの論理」重視派の衝突が表出した現象だったが、おそらくどの派の官僚も縦・横のバランスの取り方に腐心し、自らの立ち位置を模索していたことだろう。

地域のボス＝士大夫たちは、一方では地方官との緊張関係を抱え、他方では家産均分慣行による零細化圧力に怯(おび)えながら、家運の維持に手を尽くした。彼らの切実な思いは、南宋中期の下級地方官だった袁采(えんさい)の著作『袁氏世範(えんしせいはん)』(一一七九)によく現れている。同書はもともと著者が自らの子孫に向けて記した訓戒集だったが、友人の勧めで一般向けに刊行したところ、その内容が人びとの共感を集め、ベストセラーとなったものである。

袁采は、家の没落を招く原因として族内の内紛や子弟の放蕩(ほうとう)を挙げてこれを戒め、子弟に学問をさせて族内の宥和を図るよう切々と説く。彼らにとって財産が分散してしまうこと、次世代にしかるべき人を得ないことが、一番の心配の種だったことがうかがわれる。

前出の「昇官発財」という語(一四五、一六六頁)にもずばり言い表されているように、身内のなかから科挙合格者を輩出し、家産を維持(あわよくば拡張)していくことが、彼らにとって最大の関心事であり、彼らはそのための対策をあれこれと講じるのである。

その代表例といえば、宗族の結成であろう。第三章でも述べたように、宗族は宋代の社会的現実（単婚小家族が基本単位）とは必ずしも合致しなかったが、一つの理想的な家族形態として模索され、范仲淹など、それを実践する者も増えていった。宗族は共有の族産を設定し、祖先祭祀など共同事業をおこなう際の元手とした。先述のように族内の構成員を多業種・多地域に送り込み、多角経営を展開してリスク分散を図ったことも、家産を維持するための積極的対応の一つであった。

他方、士大夫個々人の間で「幇の関係」を介して進められたネットワークづくりにも、危機管理の一面が備わっていた。この種のネットワーク自体は、たとえば官庁内の上司－部下関係、学問上の師弟関係、任用時における同年合格者関係など、いずれも漢代の昔から見られる通時代的な現象である。

だが、宋代には科挙の拡大によって読書人層・識字層が末端の地域社会まで広がっており、「幇」の網の目は、前代とは比べものにならないほど、広く深く社会に根を下ろしていた。特に南宋期には、宗族集団の私設教育機関である書院（しょいん）が読書人たち、とりわけ道学派士大夫の交流の場として、士大夫ネットワークが結ばれる要の場となった。後述する朱子学の台頭も、このネットワークに支えられて進んでいった〔図34〕。

このように、優勝劣敗の荒波を乗り切るうえで頼みとしたのは、前節で見た民衆たちと同様、士大夫たちにとっても「幇の関係」だったのである。

朱子学の勝利

科挙が拡大し、合格を目指す受験生が多くなると、未合格者の数も当然増える。国家枢要の人材たらんと志しながら合格に至らず、「満たされぬ思い」を長年くすぶらせた青年・壮年(・老年)が、地域社会に分厚く累積しはじめたのである。

図34 鵝湖書院(江西省上饒市)

彼らの教養は当然儒教に基づいているわけだが、唐以前の儒教は皇帝専制を支えるイデオロギーであり、「科挙未合格の官僚予備軍」などに対して、「汝かくあるべし」というような指針を示してはくれない。こうした状況を打開すべく興った宋学のなかでも、北宋期に主流だった王安石の「新学」は、新法の担い手となるエリート官僚の心得を説くにとどまっていた。

ところが北宋末期から南宋にかけて、官僚をめざす士大夫たちの思いに添い、彼らにぴったりの価値観や行動指針を提供する思想集団が登場する。「道学」である。道学は、北宋中期の

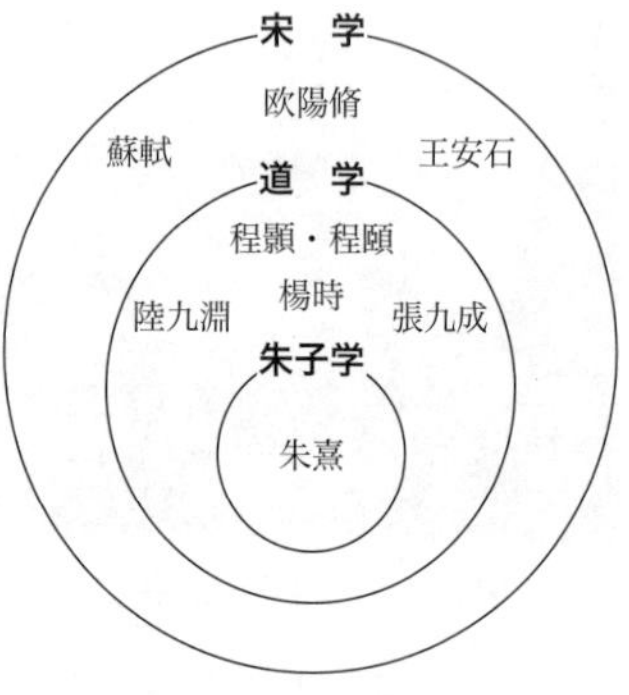

周敦頤（一〇一七〜一〇七三）を開祖と仰ぐ学派で、程顥・程頤兄弟が基礎を築き、それから百余年のあいだに支持者を広げて、南宋の朱熹一門により「朱子学」として開花した（図35）。

朱子学は、従来の儒教が持ち合わせていなかった形而上学（世界の秩序原理としての「理気二元論」）を構築し、儒教にもともと備わっていた儀礼制度や政治思想と接合して、体系化した。そして重視する古典を五経（『周易』『尚書』『毛詩』『礼記』『春秋』）から四書（『論語』『孟子』『大学』『中庸』）に変えたが、これらのうち、士大夫個々人の実践と関わって重んじたのが『大学』の冒頭に掲げられた三綱領――「明明徳」「親民」「止至善」――と、八条目――「格物」「致知」「誠意」「正心」「修身」「斉家」「治国」「平天下」――であった。なかでも八条目の強調は、天下国家の舵取りにいまだ手が届かぬ下っ端の士大夫に、身近な人間関係のなかで行う修養の指針を示すとともに、その延長線上に天下国家を見据える展望を提供することにつながったのである。

宋学
欧陽脩
蘇軾
王安石
道学
程顥・程頤
楊時
陸九淵
張九成
朱子学
朱熹

図35　宋学・道学・朱子学の関係

朱子学は、朱熹の晩年まで「慶元偽学の禁」をはじめとする弾圧をしばしば被ったものの、地域社会に基盤を置く読書人層の共感を勝ち取り、しだいに支持を広げていく。

その際、朱熹の活動拠点である福建が出版業の一大中心地だったことが、きわめて大きな役割を果たした。『四書集註』をはじめとする彼の著作は福建の印刷業者によって出版され、従来の儒教テキストとは比較にならない速さと多さで読者を獲得していった。あたかもおよそ四百年後の欧州において活版印刷術を武器に教線を拡大したマルティン・ルターのごとく、最新技術の活用が革新的思想の普及を後押ししたのである。

しかも福建は、地域別の科挙合格者ランキング首位を北宋以来ずっと保ちつづけており、また中継交易の拠点として外部との交流が活発だったこともあり、進取の気性に富む開放的な土地柄だった。こうした環境も、朱子学を受け入れる土壌として重要だったのである。

前章でも述べたように、朱子学は一三世紀、理宗の治世以降、体制イデオロギーとしての地位を獲得する。一君万民を掲げる専制国家に弾圧されながらも、木版印刷という最新技術を武器に、士大夫の「幇の関係」を介して勢力を広げ、ついに専制国家を呑み込む理念へと昇華したのである。

その一方で、科挙合格の競争がますます厳しくなる状況のなか、地域社会に増殖する読書人層が、しだいに中央政府での出世よりも、地域指導者としての自己認識を強めるという傾向も、南宋時代には見られるようになった。

たとえば宋代の士大夫はしばしば、地域社会の規範として「郷約（きょうやく）」を作成・提案し、また「勧農文（かんのうぶん）」「諭俗文（ゆぞくぶん）」というジャンルの文章を作成した。これらは、いずれも村の意思決定機構によって制定された合意事項ではなく、また村全員を対象とするルールでもない。士大夫が朱子学的価値観に基づいて作成・提案し、民衆の教化・善導（ぜんどう）の基本理念を提起したものである。こうした文章の登場は、地域社会の再生産に対し、自らも責任を負っているという意識が、士大夫の間で高まってきていることの現れであった。また、こうした個人の著作だけではなく、江南の州県を中心に地方志を編纂する動きが盛んになってきていることも、「地域への関心」の高まりを反映したものであろう。

士大夫の活動は著述だけでなく実践にも及ぶ。朱熹が提案・試行した社倉（しゃそう）は、備荒用のストックを置く施設であり、農村に居住する有志によって自主的に運営された。こうした任意参加の公共活動が彼らをいっそう「郷党の指導者」たらしめ、その延長線上に明清の郷紳が生みだされていく。明清期になると、郷党に足場を置いた経済活動・文化活動を重視し、国家権力とはむしろ自覚的に距離を置く価値観も、士大夫たちのなかに芽生えるようになる。宋代に萌芽した「国家と社会の乖離」(一五一、一六四頁)は、いよいよ不可逆的なものになっていくのである(この経緯は、本シリーズ第四巻・第五巻で論及される)。

「帮の関係」による自力救済

最後に、前節・本節で述べてきたことを、近年の中国史研究が提起している四つのポイントに即して、もう一度区分・整理しておこう。

「中華帝国とは一君万民の専制国家である」と聞くと、「社会の隅々にまで支配の網を張り巡らせているような政治体制」を想像するかもしれない。しかし本書をここまで読み進めていただいた読者にはお解りのように、専制国家が掲げる一君万民論理は「外形的な一元性」にはこだわるものの、人びとの日常にはほとんど関心がなく、行政の権能を極小化して、基層社会から遊離していた。つまり「専制と放任が並存する」社会なのである（①国家と社会の乖離）。

他方、中間団体に当たる村やギルドは法共同体として自律・完結していないため、人びとはこれらに我が身を任せきってしまうことができない（②団体性の稀薄な中間団体）。

とりわけ宋代以降になると社会的流動性が高まり、各層の中間団体を世代を超えて維持していくことが難しくなる。社会的流動性には、垂直方向（官僚身分の非世襲化、家産均分慣行による零細化圧力）と水平方向（居処・生業の選択規制が弱く、移動が頻繁）がそれぞれあるが（前掲図32）、「垂直方向の不安定さを、水平方向のリスク分散でカバーする」という戦略が有力視された（③社会的流動性の高さ）。

そして中間団体が危機管理を担えない状況下にあって、人びとを支えたのが「帮の関係」だった。人びとは、朋党・郷党・任意団体や秘密結社など、それぞれが置かれた境遇に応じて信頼の置ける仲間をたどり、我が身の保全を図った(④個人間の信頼関係への依存)。

①〜④は、いずれも日本や西欧の歴史展開との対照性が際立つものばかりであり、日本人が今後中国史を学んでいく際の重要ポイントとして位置づけることも可能なのではないだろうか。

おわりに――ふたたび、若者の学びのために

私は地方大学に二〇年ほど勤務し、概説系の講義授業を専門課程・教養課程それぞれ別個に担当してきた。小規模大学ゆえに受講者は東洋史専攻生ばかりでなく、法律や経済、社会学や文学など多岐にわたる。教養課程の授業なら、自然科学系や医学系の学生が半ばを占める。彼ら・彼女らは現在のようなご時世にあってなお、中国史の授業に関心を持ち、履修登録してくれる貴重な存在である。昨今の中国学・歴史学が置かれた状況を考えると、今後はこうした非東洋史専攻生こそを正面に据えた中国史教育を、積極的に構想していかなければならない段階に至っていることを痛切に感じている。

そのような思いもあって、学期の冒頭には受講生たちにアンケートを行い、中国史あるいは現代中国について疑問に思っていることを挙げてもらっている。学生たちの疑問は多岐にわたるが、歴史学の立場で応えうるものは、おおよそ次の二つのカテゴリーに整理することができるので、これらに向かって全体が収斂(しゅうれん)するよう、授業を構成している。

①「一元性の志向」と「多元性の放任」が並存するのはなぜか？

②近代的諸価値との不調和を起こしがちなのはなぜか？

この二つの疑問について、私が示している展望は、本書で述べてきたことと重なる部分が多い。多分野の学生に応えようとして、概括がいささか性急に流れがちになる部分もあるのだが、そこには次世代の学びに資する内容が含まれていると信じている。以下、本書で述べてきたことをそれらに即して整理することで、全体の結びに代えたいと思う。

まず①について。ここでいう「一元性」とは本書で述べてきた「国づくりの論理」と対応し、「多元性」とは「人つなぎの論理」のなかから生まれるものと、ひとまず整理できる。

前者が後者を統合しようとする志向は、中国史を通じ、強弱の波がある。戦国秦の商鞅、前漢の桑弘羊、北宋の王安石、明の洪武帝(本シリーズ第四巻で「明初体制」として紹介される)、人民共和国の毛沢東などは、多元的な民衆の生活に国家権力が積極的に介入しようという志向がとりわけ鮮明な政権である。

しかしこの数名のような一元化志向は少数派で、実際には「表看板は一元化を掲げつつ、その枠組みを逸脱しない範囲の多元性は放置する」発想の方が、大局的には主流になっていく。桑弘羊や王安石の政策が、民事不介入派からの批判を浴びたことも、すでに述べたとおりである(三二、一一一頁)。その方向性が決定的になる時期として、両税法導入前後の転換を重視する見方と、南宋以降における士大夫の地域志向昂進に求める考え、さらには明以降における郷紳の出現や鎮（行政の及ばない市場町）の激増を重視する見解などが今日提起されているが、いずれも「専制国家が基層社会の細部に対する関心を稀薄化する」あるいは「専制国家が基層社会と乖離する」方向性が不可逆的な基調となっていくという点は、共通認識となっている。

ここで、「はじめに」で紹介した范仲淹「岳陽楼記」を今一度ふりかえっておこう。この文のなかで、范仲淹は「廟堂の高きに居りては則ちその民を憂」うことと「江湖の遠きに処りては則ちその君を憂」うことを、両立可能な志として並記している。

しかし歴史の現実は「廟堂＝専制国家」と「江湖＝基層社会」を引き裂き、遠ざける方向に推移した。ここに「一元性」と「多元性」が並存する社会構造の歴史的背景を見出すことができる。前章で瞥見（べっけん）した士大夫たちのジレンマは、こうした趨勢のなかで生まれたものであった。

つづいて②について。「近代的諸価値」といったとき、一般的に想定されるのは基本的人権や所有権、法治主義など、西欧で育まれた慣行だろう。これらに共通するのは、複数の法共同体間で協議・調整が行われた上で決定される、という合意形成過程である。②の疑問は、「対等な団体間での合意形成という慣行の有無」という観点を介在させることで、次のように考えていくことが可能になる。

各レベルの中間団体が法共同体たりえた西欧では、団体の代表どうしによる合意が機能する。

それは二団体間の合意にとどまらない。多団体の代表が集結し(代議制)、利害調整を行う場としての議会制(身分制議会)と、全参加団体が承認する包括的な契約としての法治主義が生み出される。法共同体としての諸身分は、それ自体が諸身分の一つである王の権能を、議会を通じて制することもできたのであり、これが後に共和政、議会制民主主義の素地となった。

このように議会制が身分制とむしろ相性の良いことは、梁啓超(一八七三〜一九二九)や章炳麟(一八六九〜一九三六)など、中国近代の知識人たちも気づき、指摘してきた。

反対に、世襲的身分制の解体が戦国時代から始まった中国社会には、利害調整・合意形成の当事者となるべき法共同体(中間団体)が存在しなかった。「規制もしないが保護もしない」中間団体は、構成員を代表することができない(それゆえか、農村共同体や企業組織・労働者組織の規制力が弱まり、アトム化が進行するなか、ポスト近代社会が「議会制の機能不全」に直面している状況に、中国史研究者は少なからぬ既視感を覚えてしまう)。

そのような社会において、ある人が何らかの政治的意思を実現したいと考えた場合、その人はどうすればよいのだろうか。

ベストの選択肢は、科挙に挑戦して官僚の地位を自ら獲得することだが、そのハードルは恐ろしく高い。ならば次善の策として、官僚となった人、あるいはそこに連なる有力者と個人的なつながり(幇の関係)を結ぶ、という戦略が採用されよう。その関係は身もふたもないほどの実利志向で、科挙合格者を生んだ家には交誼を求める者たちが祝いの品を携えて殺到するが、合格者が途絶えて振るわなくなった家からは潮が引くように人の出入りがなくなり、人びとは次なる合格者のもとに悪びれることもなく雲集するという。

本論でも述べたように、「官僚・地主(資本家)・読書人の三位一体構造」のもと、中国の士大夫は政治力・経済力・文化力を独占する。万能である。中国で結成される政治集団は、この万能性の「磁力」に引き寄せられた支持者たちの集まりとなりやすい(乱世であれば、士大夫ではなく、生命と財産を守ってくれるボスに引き寄せられるのだろうが)。

先に政治集団(中間団体)があり、その集団を代表できる者が権力(代表権)を持つのではなく、先に権力(磁力)ができて後から政治集団(磁場)が立ち上がる。集団の求心力は「磁力の及ぶ範囲まで」という曖昧なものであり、集団の輪郭は自ずから流動的で、かつ衰えればたやすく雲散霧消してしまう。

前章でも触れた「郷約」は、士大夫が自らの「磁力」を形にしたものといえるだろうが、それは士大夫が一方的に語った理想に共感する者たちが集まり、彼ら・彼女らが寄せる個々の賛意を束にすることで成立している。つまり、士大夫と賛同者の間で一対一で結ばれる「幇の関係」の総和以上のものではない。村のような団体がまずあり、その総意が負託されているわけではないのである。

中間団体は構成員を代表しない。官僚は支持者集団を代表しない。こうした社会から、「団体AとBが代表者aとbを選び、aとbが所属団体を代表して利害調整し、落としどころを探る」というような、代議制タイプの合意形成慣行が生まれにくいことは、容易に推測できよう。

他方、「誰でもなれる」「なれれば万能」という科挙官僚制の設計の「卓抜さ」は、当事者の内部からその仕組みを解体する動機が生まれないことにある。官僚制度、そしてエリート支配(国づくりの論理)は、王朝時代はもちろん、近代以降、皇帝制度の賞味期限が切れて一〇〇年以上経った二一世紀の中国でも健在であり、消滅の兆候は見えない。

他方、民間社会の「人つなぎの論理」も変わらない。一元志向の「国づくりの論理」と即かず離れずに並存し、中国社会に多元性と活力を注入しつづけている。

「廟堂の高きに居りては則ちその民を憂え、江湖の遠きに処りては則ちその君を憂う」とは、「雅」なる士大夫が外部に見せる「表の顔」である。「表の顔」だけ見て腑に落ちなければ、一皮めくって「裏の顔」を覗いてみればよい。そこには「上に政策あれば、下に対策あり」とうそぶく「俗」なるエリートたち、そして民衆たちのしたたかな表情が見て取れるに違いない。

あとがき

私はいま(二〇一九年九月)、陝西師範大学西北歴史環境与経済社会発展研究院(通称西北研究院)において半年間の研修の機会を得て、各地の参観・調査に出かけつつ、時間を見つけては図書館に通い、本書を執筆してきた。またその傍ら(かたわ)では、頻繁に開催されるシンポジウムや勉強会などにも参加し、こちらの中国史研究の活発さを改めて実感している。

「中国で中国史研究が盛ん」なのは当たり前と思われるかもしれないが、中国史学界の歩みは前世紀以来、苦難の連続だった。国民革命から日中戦争、国共内戦、新中国成立後も大躍進や文化大革命など、近代的なアカデミズムの形成を阻む政治状況が間断なく続いたからである。学術研究が緒に就いたのは早くみて一九八〇年代、地に足の着いた研究が本格化したのは一九九〇年代以降だったろう。

それから約三〇年、中国全体の経済成長とも歩調を合わせ、学界の活動は脂がのりきっている。予算は潤沢、出版企画は盛ん、若手や女性の活躍も目立つ。中国史研究の世界的中心は、いまや中国にあるといってよい。

片や、かつて世界を牽引してきた日本の中国史研究は、存亡の危機を迎えている。少子化や財政難は経費面・人事面双方にわたって学術研究を追い詰めており、とりわけ研究職ポストの減少は問題をいっそう深刻なものにしている。就職の展望が見えない分野には若手研究者が育たず、これまでの蓄積を次世代に継承する見通しが立たなくなるからである。

歴史学だけでなく、経済学や国際政治学も事情は似たり寄ったりのようだから、市民が中国について勉強できる場所や機会は、恐らくどんどん失われていく。その影響を真っ先に受けるのは、私の勤務地のような地方の在住者であろう。このままいくと、三〇年後、中国史専攻を残しているのは都市部の大手大学だけということにもなりかねない。日本社会においても、国際社会においても中国のプレゼンスが高まることが確実視されるなか、この状況を放置するのはあまりにも危うい。

本シリーズ第一巻では、「日本人の中国意識」に関するアンケート結果が紹介され、統計的には「重要な国とは考えるけれど、良い印象を持っていない」という見方が最大公約数であること、「重要であるという認識」にかすかな希望があることが述べられた。全く同感である。だが「印象の良し悪し」や「好き嫌い」のような感情要因の分布を変えない限り、状況の抜本的な好転は難しいだろう。人間、頭で重要とわかっているだけでは、行動を変えるにはなかなか至らない。「誰かがやってくれるだろう」と、他人任せに流れるのが関の山である。

感情要因を動かすには（端的には「中国が好き」と感じる人を増やすには）、人的交流や文化交流をとにかく増やしていくこと。それ以外に術はない。感情の領域を動かせるのは、生身の人間や、人の血が通った文物・作品であって、記号や理屈の力は知れている。これは国際交流というよりは、人間関係一般に関わる話である。心に根ざした親しみを育てるには、友をつくること、すなわち「幇の関係」を結ぶのが一番である。

あるいは、「面白い」という感情を喚起してもよい。むしろその方が、学術研究という営みが持ち合わせている「得意技」との相性は良いかもしれない。幸い中国という研究対象には「面白い」素材が溢れている。あとは、それを若者や市民にどう示していくかである。良質で魅力的な教材や学びの場をいかにして市民に提供できるかが、今後の中国史研究者には問われることになる。

くわえて「自分と異なる価値観を面白いと思える」感性を、次世代のなかにどう育てていくかも重要な課題である。「異なる価値観」にはたしかに人を不安にさせる面がある。しかしその一方で、「自分と異なる価値体系が成立している世界の存在を知ること」には、「囚われからの解放」効果が期待できる（中国に行けば「人間、こんなに伸び伸びと生きていいんだ！」と気持ちが楽になること、請け合いである）。「異文化は私を自由にしてくれる」のであり、それを実感できる機会を多くの人に提供していくことも、われわれの大切な役割であろう。

私が本書において「幇の関係」という耳馴染みのない人間関係を強調してきたのも、それと無関係ではない。この語を介在させることで、中国人とふれあえば皆が感じるであろう「不羈（ふき）の気風」や「友を大切にする熱さ」と、「規制もないが保護もない」中国社会との関連性が見えやすくなるのではないかと考えたのである。

人的交流・文化交流を増やしていくこと。そして、異なる価値観を面白いと思える感性を育てること——中国に関心を持ち、学びたいと思う人を次世代に増やしていくため、今後もこれらを自分自身に課していきたい。

日本に数多（あまた）いる中国史研究者のなかで、私は『江南の発展』と銘打つ概説書の適任者では決してない。江南史は、六朝や宋元、明清などの研究においてとりわけ「花形」とされてきた分野であり、それぞれの専門家が現役世代にもたくさんいる。優れた研究も多いから、私も自分の研究テーマとは無関係に数々の著作に触れ、啓発されてもきた。とはいえ、読むと書くでは大違い。私にとって、本書の著述が荷の勝ち過ぎた役割であることに変わりはなかった。

したがって本書のなかで、歴史的事実の基本的理解や研究上の重要課題に関わる部分については、膨大な研究の整理と祖述に努めたつもりである。ただその一方で、「幇の関係」概念や第五章で示した「四つの重要ポイント」など、江南史研究の実りに導かれつつ、そこから触発され、私なりの創意を加えた箇所もいくらかはある。

なかでも、士大夫、編戸農民、アウトロー、いずれにも共通する「人つなぎの論理」をどんな語で表現するかは、最後まで難題だった。それはたとえば宇都宮清吉(うつのみやきよし)氏が、皇帝による「強権の世界(首領制的秩序)」と対置した「自律の世界(家族制的秩序)」と着想を共有する面もあるが、家族(という、それ自体一種の制度である領域)の外縁に広がる人的結合の方にフォーカスした語を用いたいという思いがあった。その点では増淵龍夫氏の「任侠的習俗」概念と重なる部分が大きいが、後漢以降に現れる儒教をベースにした士大夫どうしの関係を表すにはしっくりこない。近世史研究では、東南アジア史研究に由来する「ネットワーク」概念が用いられることもあるが、これも中国史の通時代的な概念として使ってよいか、心許なかった。

本シリーズ主編の岡本隆司さんや、編集サイドで本巻をご担当いただいた岩波書店の杉田守康さんとも相談を重ねながら、最後はいささか蛮勇をふるい、「帮の関係」という造語を提起することにした次第である。概念としての有効性や整理・概括の仕方も含め、読者各位の批判的検討をぜひ頂戴できればと思う。

学界の状況が厳しさを増すなか、本シリーズが立ち上がり、そこに加えていただけたことは、中国史研究の末席に連なる者として本当にありがたかった。時宜にかなった企画を提案してくださった岩波書店の中山永基さんと主編の岡本隆司さんに、まずはお礼を申し上げたい。

執筆作業は、暗中模索・悪戦苦闘の連続だったが、学部時代の先輩でもある杉田守康さんに伴走していただき、あたたかな助言と激励を何度もいただいてゴールにたどり着くことができた。また、わが同僚にして江南での実地調査経験が豊富な佐々木愛（ささきめぐみ）さん、学生時代以来の旧友でいまや六朝史研究の重鎮となった張学鋒さん（南京大学）、そして劉可維さん（南京師範大学）には、図版・図像の収集に多大な協力をいただいた。さらに江南史に通暁した佐々木さん、張さんからいただいた内容面でのアドバイスも、この分野に不案内な私にはとても心強かった。みなさんのお力添えに、心より感謝を捧げたい。

最後に、西安での単身研修に私を快く送り出してくれた松江の家族たち。毎晩の微信（ウェイシン）チャットで皆の笑顔に会えることが、執筆に行き詰まりがちな私には何よりの支えだった。本当にありがとう。

二〇一九年中秋　長安南牆　旧啓夏門近傍の宿所にて

丸橋充拓

岩波新書/最新刊から

1855 **地方の論理** 小磯修二著

霞が関の官僚から北海道の地方大学に身を投じ、地方の課題解決に取り組んできた著者が、自らの体験をもとに語る地方活性化のヒント。

1856 **がんと外科医** 阪本良弘著

難治とされる肝がんや膵がん治療の最前線にいる外科医が、がん治療の歴史と現状、師からの指導、患者からの学びなどを綴る。

1857 **文在寅時代の韓国** ―「弔い」の民主主義― 文京洙著

妥協なき民主主義の追求と「積弊の清算」を掲げるも、国内外で激しい毀誉褒貶と軋轢を生む文在寅政権。その達成と課題を描く。

1858 **グローバル・タックス** ―国境を超える課税権力― 諸富徹著

巨大多国籍企業が台頭する中、苛烈を極める「租税競争」。その巧妙な仕組みを解き明かし、対抗していく具体的筋道を展望する。

1859 **デモクラシーの整理法** 空井護著

デモクラシーとはどんな政治の仕組みで、どう使うのか。筋道を立てて解き明かし、政治の主役がスッキリと理解できるコツを伝える。

1860 **英語独習法** 今井むつみ著

英語の達人をめざすなら、語彙全体での日本語と英語の違いを自分で探究するのが合理的な勉強法だ。オンラインツールを活用しよう。

1861 **広島平和記念資料館は問いかける** 志賀賢治著

「あの日」きのこ雲の下にいた人々はどう生き、どう死んでいったのか。死者の生きた証を伝え続ける「記憶の博物館」の模索の軌跡。

1862 **太平天国** ―皇帝なき中国の挫折― 菊池秀明著

清朝打倒をめざし、皇帝制度を否定した太平天国。血塗られた戦いから、皇帝支配という権威主義的統治のあり方を問い直す。

(2021.1)

岩波新書より

中世日本の予言書	小峯和明
沖縄現代史〔新版〕	新崎盛暉
刀狩り	藤木久志
戦後史	中村政則
明治デモクラシー	坂野潤治
環境考古学への招待	松井章
源義経	五味文彦
日本人の歴史意識	阿部謹也
明治維新と西洋文明	田中彰
奈良の寺	奈良文化財研究所編
西園寺公望	岩井忠熊
日本の軍隊	吉田裕
聖徳太子	吉村武彦
東西／南北考	赤坂憲雄
江戸の見世物	川添裕
王陵の考古学	都出比呂志
日本文化の歴史	尾藤正英
日本の神々	谷川健一
南京事件	笠原十九司
日本社会の歴史 上・中・下	網野善彦
絵地図の世界像	応地利明
江戸の訴訟	高橋敏
神仏習合	義江彰夫
謎解き洛中洛外図	黒田日出男
従軍慰安婦	吉見義明
中世に生きる女たち	脇田晴子
考古学の散歩道	田中琢 佐原真
武家と天皇	今谷明
中世倭人伝	村井章介
琉球王国	高良倉吉
昭和天皇の終戦史	吉田裕
幻の声 NHK広島8月6日	白井久夫
西郷隆盛	猪飼隆明
平泉 よみがえる中世都市	斉藤利男
象徴天皇制への道	中村政則
正倉院	東野治之
軍国美談と教科書	中内敏夫
日中アヘン戦争	江口圭一
青鞜の時代	堀場清子
子どもたちの太平洋戦争	山中恒
江戸名物評判記案内	中野三敏
国防婦人会	藤井忠俊
インパール作戦従軍記	丸山静雄
徳政令	笠松宏至
日本文化史〔第二版〕	家永三郎
自由民権	色川大吉
寺社勢力	黒田俊雄
神々の明治維新	安丸良夫
茶の文化史	村井康彦
戒厳令	大江志乃夫
漂海民	羽原又吉
真珠湾・リスボン・東京	森島守人
陰謀・暗殺・軍刀	森島守人
東京大空襲	早乙女勝元
兵役を拒否した日本人	稲垣真美
平家物語	石母田正
演歌の明治大正史	添田知道

岩波新書より

日本史

大化改新を考える　吉村武彦
江戸東京の明治維新　横山百合子
戦国大名と分国法　清水克行
東大寺のなりたち　森本公誠
武士の日本史　髙橋昌明
五日市憲法　新井勝紘
後醍醐天皇　兵藤裕己
茶と琉球人　武井弘一
近代日本一五〇年　山本義隆
語る歴史、聞く歴史　大門正克
義経伝説と為朝伝説　日本史の北と南　原田信男
出羽三山　山岳信仰の歴史を歩く　岩鼻通明
日本の歴史を旅する　五味文彦
一茶の相続争い　高橋敏
鏡が語る古代史　岡村秀典
日本の近代とは何であったか　三谷太一郎

戦国と宗教　神田千里
古代出雲を歩く　平野芳英
自由民権運動　〈デモクラシー〉の夢と挫折　松沢裕作
風土記の世界　三浦佑之
京都の歴史を歩く　小林丈広・高木博志・三枝暁子
蘇我氏の古代　吉村武彦
昭和史のかたち　保阪正康
「昭和天皇実録」を読む　原武史
生きて帰ってきた男　小熊英二
遺骨　戦没者三一〇万人の戦後史　栗原俊雄
在日朝鮮人　歴史と現在　水野直樹・文京洙
京都〈千年の都〉の歴史　高橋昌明
唐物の文化史　河添房江
小林一茶　時代を詠んだ俳諧師　青木美智男
信長の城　千田嘉博
出雲と大和　村井康彦
女帝の古代日本　吉村武彦

秀吉の朝鮮侵略と民衆　北島万次
コロニアリズムと文化財　荒井信一
特高警察　荻野富士夫
朝鮮人強制連行　外村大
古代国家はいつ成立したか　都出比呂志
渋沢栄一　社会企業家の先駆者　島田昌和
中国侵略の証言者たち　岡部牧夫・荻野富士夫・吉田裕 編
漆の文化史　四柳嘉章
平家の群像　物語から史実へ　高橋昌明
シベリア抑留　栗原俊雄
アマテラスの誕生　溝口睦子
中国残留邦人　井出孫六
証言 沖縄「集団自決」　謝花直美
遣唐使　東野治之
朝鮮通信使　仲尾宏
戦艦大和　生還者たちの証言から　栗原俊雄
金・銀・銅の日本史　村上隆

岩波新書新赤版一〇〇〇点に際して

ひとつの時代が終わったと言われて久しい。だが、その先にいかなる時代を展望するのか、私たちはその輪郭すら描きえていない。二〇世紀から持ち越した課題の多くは、未だ解決の緒を見つけることのできないままであり、二一世紀が新たに招きよせた問題も少なくない。グローバル資本主義の浸透、憎悪の連鎖、暴力の応酬――世界は混沌として深い不安の只中にある。

現代社会においては変化が常態となり、速さと新しさに絶対的な価値が与えられた。消費社会の深化と情報技術の革命は、種々の境界を無くし、人々の生活やコミュニケーションの様式を根底から変容させてきた。ライフスタイルは多様化し、一面では個人の生き方をそれぞれが選びとる時代が始まっている。同時に、新たな格差が生まれ、様々な次元での亀裂や分断が深まっている。社会や歴史に対する意識が揺らぎ、普遍的な理念に対する根本的な懐疑や、現実を変えることへの無力感がひそかに根を張りつつある。そして生きることに誰もが困難を覚える時代が到来している。

しかし、日常生活のそれぞれの場で、自由と民主主義を獲得し実践することを通じて、私たち自身がそうした閉塞を乗り超え、希望の時代の幕開けを告げてゆくことは不可能ではあるまい。そのために、いま求められていること――それは、個と個の間で開かれた対話を積み重ねながら、人間らしく生きることの条件について一人ひとりが粘り強く思考することではないか。その営みの糧となるものが、教養に外ならないと私たちは考える。歴史とは何か、よく生きるとはいかなることか、世界そして人間はどこへ向かうべきなのか――こうした根源的な問いとの格闘が、文化と知の厚みを作り出し、個人と社会を支える基盤としての教養となった。まさにそのような教養への道案内こそ、岩波新書が創刊以来、追求してきたことである。

岩波新書は、日中戦争下の一九三八年一一月に赤版として創刊された。創刊の辞は、道義の精神に則らない日本の行動を憂慮し、批判的精神と良心的行動の欠如を戒めつつ、現代人の現代的教養を刊行の目的とする、と謳っている。以後、青版、黄版、新赤版と装いを改めながら、合計二五〇〇点余りを世に問うてきた。そして、いままた新赤版が一〇〇〇点を迎えたのを機に、人間の理性と良心への信頼を再確認し、それに裏打ちされた文化を培っていく決意を込めて、新しい装丁のもとに再出発したいと思う。一冊一冊から吹き出す新風が一人でも多くの読者の許に届くこと、そして希望ある時代への想像力を豊かにかき立てることを切に願う。

（二〇〇六年四月）

丸橋充拓

1969年生まれ．京都大学大学院文学研究科博士後期課程修了，博士(文学)．専門は中国隋唐史．
現在—島根大学学術研究院人文社会科学系教授
著書—『唐代北辺財政の研究』(岩波書店)
『唐代軍事財政与礼制』(張樺訳，西北大学出版社)
『中国の歴史　上(古代—中世)』(共著，昭和堂)
『中国経済史』(共著，名古屋大学出版会)
『多民族社会の軍事統治——出土史料が語る中国古代』(共著，京都大学学術出版会) など

江南の発展　南宋まで
シリーズ 中国の歴史②　　岩波新書(新赤版)1805

2020年1月21日　第1刷発行
2021年1月15日　第5刷発行

著　者　丸橋充拓(まるはしみつひろ)

発行者　岡本　厚

発行所　株式会社 岩波書店
〒101-8002 東京都千代田区一ツ橋2-5-5
案内 03-5210-4000　営業部 03-5210-4111
https://www.iwanami.co.jp/

新書編集部 03-5210-4054
https://www.iwanami.co.jp/sin/

印刷・精興社　カバー・半七印刷　製本・中永製本

ISBN 978-4-00-431805-7　　Printed in Japan

索引

サ 行

タ 行

ナ 行

ハ 行

マ 行

ヤ 行

ラ 行

略年表

西暦と中国の旧暦とは完全には一致しないので，西暦表示はめやすである．

前7000年頃〜5000年紀	彭頭山文化(長江中流域)
前5000年紀〜4000年紀	馬家浜文化(長江下流域)，河姆渡文化(長江下流域)，大渓文化(長江中流域)
前4000年紀末〜3000年紀後半	良渚文化(長江下流域)
前3000年紀前半	屈家嶺文化(長江中流域)
前3000年紀後半	石家河文化(長江中流域)
前3000年紀後半〜2000年紀前半	馬橋文化(長江下流域)
前 2000 年紀	長江流域の諸文化と中原文化との接触が拡大．
前 8 世紀末	楚が中原への拡大を始める．
前 597	楚が邲の戦いで中原諸国連合を破る．
前 473	越が呉を滅ぼす．
前 381	楚で呉起が殺害される．
前 316	秦が蜀を征圧．
前 278	秦が郢(楚の都)を攻略．
前 223	秦が楚を滅ぼす．
前 209	陳勝・呉広の乱が起こる．項羽・劉邦等が挙兵．
前 206	秦が滅亡し，項羽が主導する十八王国体制へ移行．
前 202	劉邦が項羽を滅ぼし，皇帝となる(前漢の高祖)．
前 154	呉楚七国の乱が起こる．
前 119	塩鉄の専売が始まる．
前 111	前漢が南越を征圧し，九郡を置く．
前 81	塩鉄会議が開かれる．
後 25	劉秀が皇帝となり(光武帝)，後漢を樹立．
40	交趾郡で徴側・徴貳姉妹の反乱が起こる．

57 倭国の使節が後漢に朝貢.
166 ローマ帝国の使節が日南郡に来訪.
184 黄巾の乱が起こる.
208 赤壁の戦いで孫権・劉備が曹操を破る.
221 劉備が皇帝となる(蜀漢).
226 孫権がベトナム北部を攻撃し，士氏を滅ぼす.
229 孫権が皇帝となる(呉).
239 卑弥呼の使節が魏に朝貢.
263 魏が蜀漢を征圧.
266 台与の使節が西晋に朝貢.
280 西晋が呉を滅ぼす.
318 司馬睿が建康で皇帝となり，晋を再興(東晋).
323 王敦の乱が起こる.
327 蘇峻の乱が起こる.
364 桓温の主導により土断を実施.
383 淝水の戦いで東晋が前秦を破る.
413 劉裕の主導により土断を実施.
420 劉裕が東晋から禅譲を受け，皇帝となる(宋).
421 倭国王の讃の使節が宋に朝貢.
459 孝武帝が揚州を王畿と定める.
478 倭国王の武の使節が宋に朝貢.
479 蕭道成が宋から禅譲を受け，皇帝となる(南斉).
502 蕭衍が南斉から禅譲を受け，皇帝となる(梁).
548 侯景の乱が起こる.
557 陳覇先が梁から禅譲を受け，皇帝となる(陳).
589 隋が陳を征圧し，南北朝を統一.
600 倭国の使節が隋に朝貢(第1回遣隋使).
618 煬帝が揚州で殺害される．李淵が皇帝となる(唐の高祖).
630 倭国の使節が唐に朝貢(第1回遣唐使).
663 白村江の戦いで唐・新羅が倭国・百済を破る.
702 粟田真人等が初めて「日本」を号して唐に朝貢.
734 裴耀卿が漕運改革を行う.

755	安史の乱が起こる.
758	塩の専売が始まる.
780	両税法が始まる.
835	甘露の変が起こる.
859	裘甫の乱が起こる.
868	龐勛の乱が起こる.
874	黄巣等の乱が起こる(～884).
894	日本が遣唐使の計画を中止(遣唐使の「廃止」).
907	朱全忠が唐から禅譲を受け,皇帝となる(後梁).
958	後周が南唐から淮南地方を奪う.
960	趙匡胤が後周から禅譲を受け,皇帝となる(北宋の太祖).
973	科挙で殿試が始まる.
979	太宗が北漢を征圧するも,燕雲十六州の回復には失敗.
1004	北宋と契丹が盟約を結ぶ(澶淵の盟).
1008	真宗が泰山で封禅を行う.
1043	范仲淹が参知政事となる(慶暦新政).
1044	北宋と西夏が盟約を結ぶ(慶暦和議).
1069	王安石が参知政事となり,改革を始める(新法).
1085	哲宗が即位し,旧法党が復権.
1093	哲宗が親政を始め,新法路線への転換を進める.
1100	徽宗が即位.
1120	方臘の乱が起こる.
1127	金が開封を攻略し徽宗・欽宗を拘束(靖康の変).趙構が皇帝となる(南宋の高宗).
1138	第1次金宋和議が成る.
1141	淮東・淮西・湖広総領所が設立される.秦檜が岳飛を謀殺.
1142	第2次金宋和議が成る.
1161	金の海陵王が南宋に侵攻.
1165	第3次金宋和議が成る.
1170	後白河院が福原で宋の商人に引見(平氏主導の日宋貿易が本格化).

1196	韓侂冑が道学を弾圧(慶元偽学の禁).
1206	韓侂冑が主導して南宋が金に侵攻(開禧用兵).
1208	第4次金宋和議が成る. 史弥遠が権力を掌握.
1241	朱熹等を孔子廟に従祀(朱子学の公認).
1258	モンゴル(モンケ)が南宋攻撃を本格化.
1259	モンケの急死を承け, モンゴル(クビライ)と南宋(賈似道)が停戦を約す.
1274	モンゴルが日本に侵攻(文永の役).
1276	モンゴルが臨安(杭州)を攻略.
1279	モンゴルが南宋を滅ぼす.
1281	モンゴルが日本に侵攻(弘安の役).

主要参考文献

本巻全体に関わるもの

石澤良昭・生田滋『世界の歴史 13 東南アジアの伝統と発展』(初出1998年)中公文庫，2009年

大木康『中国人はつらいよ ―― その悲惨と悦楽』PHP新書，2015年

岡本隆司編『中国経済史』名古屋大学出版会，2013年

加藤徹『貝と羊の中国人』新潮新書，2006年

桑原隲蔵「歴史上より観たる南北支那」(初出1925年)『東洋文明史論』平凡社東洋文庫，1988年

妹尾達彦ほか『岩波講座世界歴史 9 中華の分裂と再生』岩波書店，1999年

竹内康浩『「生き方」の中国史 ―― 中華の民の生存原理』岩波書店，2005年

谷川道雄編著『戦後日本の中国史論争』河合文化教育研究所，1993年

中砂明徳「江南史の水脈 ―― 南宋・元・明の展望」『岩波講座世界歴史 11 中央ユーラシアの統合』岩波書店，1997年

中砂明徳『江南 ―― 中国文雅の源流』講談社，2002年

第1章

宇都宮清吉『中国古代中世史研究』創文社，1977年

大川裕子『中国古代の水利と地域開発』汲古書院，2015年

大櫛敦弘「燕・斉・荊は地遠し ―― 秦漢統一国家と東方地域」『海南史学』55，2017年

柿沼陽平「中国古代の人びととその「つながり」」本田毅彦編著『つながりの歴史学』北樹出版，2015年

佐竹靖彦『項羽』中央公論新社，2010年

徐朝龍『中国古代の謎に迫る　長江文明の発見』角川書店，1998

年
鶴間和幸『中国の歴史 03 ファーストエンペラーの遺産 ── 秦漢帝国』講談社，2004 年
平勢隆郎『中国の歴史 02 都市国家から中華へ ── 殷周 春秋戦国』講談社，2005 年
藤田勝久『項羽と劉邦の時代 ── 秦漢帝国興亡史』講談社，2006 年
増淵龍夫『新版 中国古代の社会と国家』(初出 1960 年)岩波書店，1996 年
宮本一夫『中国の歴史 01 神話から歴史へ ── 神話時代 夏王朝』講談社，2005 年

第 2 章

岡崎文夫『魏晋南北朝通史 内編』(初出 1932 年)平凡社東洋文庫，1989 年
川合安『南朝貴族制研究』汲古書院，2015 年
川勝義雄『六朝貴族制社会の研究』岩波書店，1982 年
川勝義雄『魏晋南北朝』(初出 1974 年)講談社学術文庫，2003 年
河上麻由子『古代日中関係史 ── 倭の五王から遣唐使以降まで』中公新書，2019 年
河添房江『唐物の文化史 ── 舶来品からみた日本』岩波新書，2014 年
川本芳昭『中国の歴史 05 中華の崩壊と拡大 ── 魏晋南北朝』講談社，2005 年
窪添慶文編『魏晋南北朝史のいま』(アジア遊学 213)勉誠出版，2017 年
鈴木靖民・金子修一編『梁職貢図と東部ユーラシア世界』勉誠出版，2014 年
妹尾達彦「江南文化の系譜 ── 建康と洛陽(一)」『六朝学術学会報』14，2013 年
妹尾達彦「江南文化の系譜 ── 建康と洛陽(二)」『六朝学術学会報』

15, 2014年
戸川貴行『東晋南朝における伝統の創造』汲古書院, 2015年
礪波護・武田幸男『世界の歴史6 隋唐帝国と古代朝鮮』(初出1997年)中公文庫, 2008年
中村圭爾『六朝江南地域史研究』汲古書院, 2006年
堀敏一『東アジア世界の歴史』講談社学術文庫, 2008年
宮崎市定『隋の煬帝』(初出1965年)中公文庫, 1987年
吉川忠夫『劉裕 ── 江南の英雄 宋の武帝』(初出1966年)中公文庫, 1989年
吉川忠夫『侯景の乱始末記 ── 南朝貴族社会の命運』(初出1974年)志学社, 2019年
渡邉義浩『「三国志」の政治と思想 ── 史実の英雄たち』講談社, 2012年

第3章

伊原弘・小島毅編『知識人の諸相 ── 中国宋代を基点として』勉誠出版, 2001年
遠藤隆俊・平田茂樹・浅見洋二編『日本宋史研究の現状と課題 ── 1980年代以降を中心に』汲古書院, 2010年
大澤正昭『唐宋変革期農業社会史研究』汲古書院, 1996年
『徽宗とその時代』(アジア遊学64), 勉誠出版, 2004年
北田英人「8-13世紀江南の潮と水利・農業」『東洋史研究』47-4, 1989年
『9世紀の東アジアと交流』(アジア遊学26), 勉誠出版, 2001年
小島毅『中国の歴史07 中国思想と宗教の奔流 ── 宋朝』講談社, 2005年
小林義廣『王安石 ── 北宋の孤高の改革者』山川出版社, 2013年
『「清明上河図」をよむ』(アジア遊学11), 勉誠出版, 1999年
礪波護『馮道 ── 乱世の宰相』(初出1966年), 中公文庫, 1988年
日野開三郎『唐代藩鎮の支配体制』日野開三郎東洋史学論集第1巻, 三一書房, 1980年

平田茂樹『科挙と官僚制』山川出版社，1997 年
藤本猛『風流天子と「君主独裁制」── 北宋徽宗朝政治史の研究』京都大学学術出版会，2014 年
宮崎市定『東洋的近世』礪波護編，中公文庫，1999 年
宮澤知之『宋代中国の国家と経済 ── 財政・市場・貨幣』創文社，1998 年
山崎覚士『中国五代国家論』思文閣出版，2010 年

第 4 章

榎本渉『僧侶と海商たちの東シナ海』講談社，2010 年
桑原隲蔵『蒲寿庚の事蹟』(初出 1923 年)平凡社東洋文庫，1989 年
小島毅『義経の東アジア』(初出 2005 年)トランスビュー，2010 年
ジャック・ジェルネ『中国近世の百万都市 ── モンゴル襲来前夜の杭州』栗本一男訳，平凡社，1990 年
斯波義信『宋代江南経済史の研究』汲古書院，1988 年
斯波義信『中国都市史』東京大学出版会，2002 年
高橋芳郎『宋-清身分法の研究』北海道大学図書刊行会，2001 年
寺地遵『南宋初期政治史研究』溪水社，1988 年
桃木至朗編『海域アジア史研究入門』岩波書店，2008 年

第 5 章・おわりに

足立啓二『専制国家史論 ── 中国史から世界史へ』(初出 1998 年)ちくま学芸文庫，2018 年
大澤正昭『主張する〈愚民〉たち ── 伝統中国の紛争と解決法』角川書店，1996 年
岡本隆司『中国「反日」の源流』(初出 2011 年)ちくま学芸文庫，2019 年
何炳棣『科挙と近世中国社会 ── 立身出世の階梯』寺田隆信・千種真一訳，平凡社，1993 年
川村康「宋代「法共同体」初考」宋代史研究会編『宋代社会のネットワーク』汲古書院，1998 年

岸本美緒「中国中間団体論の系譜」『岩波講座「帝国」日本の学知 3 東洋学の磁場』岩波書店，2006 年
岸本美緒『地域社会論再考 —— 明清史論集 2』研文出版，2012 年
小島毅『朱子学と陽明学』(初出 2004 年)ちくま学芸文庫，2013 年
小林一美「中国史における「文と武」，「官と賊」，「漢人と少数民族」の間」吉尾寛編『民衆反乱と中華世界 —— 新しい中国史像の構築に向けて』汲古書院，2012 年
滋賀秀三『中国家族法の原理』創文社，1967 年
高島俊男『中国の大盗賊 完全版』講談社現代新書，2004 年
寺田浩明『中国法制史』東京大学出版会，2018 年
丸橋充拓「「闘争集団」と「普遍的軍事秩序」のあいだ」宮宅潔編『多民族社会の軍事統治 —— 出土史料が語る中国古代』京都大学学術出版会，2018 年
吉田浤一「中国における国家の形成と「公私」イデオロギー」渡辺信一郎・西村成雄編『中国の国家体制をどうみるか —— 伝統と近代』汲古書院，2017 年

(第 5 刷追記)

刊行後，中国の官民関係や社会的流動性，人的結合に関する記載への反響を数多くいただいた．そこでそれらの理解を広げる一助として，当初本欄に掲載しきれなかった文献や，脱稿後に著者が目睹した文献を，何点か追記しておきたい．

岸本美緒「皇帝と官僚・紳士 —— 明から清へ」網野善彦ほか編『岩波講座天皇と王権を考える 2 統治と権力』岩波書店，2002 年
小室直樹『小室直樹の中国原論』徳間書店，1996 年
杉山清彦「人びとの「まとまり」をとらえなおす」東京大学教養学部歴史学部会編『東大連続講義 歴史学の思考法』岩波書店，2020 年
宋代史研究会編『宋代社会のネットワーク』汲古書院，1998 年
益尾知佐子『中国の行動原理 —— 国内潮流が決める国際関係』中公

新書，2019 年
與那覇潤『中国化する日本（増補版）―― 日中「文明の衝突」一千年史』（初出 2011 年）文春文庫，2014 年

図表出典一覧

巻頭地図，図 1，図 2，第 1 章扉，第 2 章扉，表 1，図 11，図 16，表 2，図 26，図 32……著者作成・撮影.

図 3……宮本一夫『中国の歴史 01 神話から歴史へ』講談社，197 頁をもとに作成.

図 4……Imaginechina／アフロ.

図 5……渡邉英幸『古代〈中華〉観念の形成』岩波書店，66-67 頁をもとに作成.

図 6……太田麻衣子「鄂君啓節からみた楚の東漸」『東洋史研究』68-2，162 頁をもとに作成.

図 7……鶴間和幸『中国の歴史 03 ファーストエンペラーの遺産』講談社，138 頁をもとに作成.

図 8……『カン支那通貨論 ── 金及び銀取引の研究』宮下忠雄訳，東亜同文書院支那研究部.

図 9，図 24，図 30，第 5 章扉下，図 34……佐々木愛氏提供.

図 10……『長沙走馬楼三国呉簡 嘉禾吏民田家莂』文物出版社，挿図.

図 12 上……河上麻由子『古代日中関係史』中公新書，23 頁をもとに作成.

図 12 下……鈴木靖民・金子修一編『梁職貢図と東部ユーラシア世界』勉誠出版.

図 13……神田喜一郎『中国書道史』岩波書店，94 頁.

図 14……張学鋒氏提供の原図をもとに作成.

図 15……愛宕元『唐代地域社会史研究』同朋舎，412 頁をもとに作成.

第 3 章扉……竺沙雅章『范仲淹』白帝社.

図 17……岡本隆司編『中国経済史』名古屋大学出版会，20 頁をもとに作成.

図 18……常盤大定・関野貞『中国文化史蹟』第 6 巻，法蔵館.

図 19……礪波護『馮道』中公文庫，巻頭地図をもとに作成.
図 20……『世界歴史大系　中国史 3』山川出版社，173 頁をもとに作成.
図 21……平田茂樹『科挙と官僚制』山川出版社，35 頁をもとに作成.
図 22……『ボストン美術館の至宝展』朝日新聞社，57 頁.
図 23……『中国歴代絵画　故宮博物院蔵画集』2，人民美術出版社，60, 61, 78 頁.
第 4 章扉……『和泉市久保惣記念美術館蔵品選集』68 頁.
図 25……愛宕元・森田憲司編『中国の歴史』下，昭和堂，73 頁をもとに作成.
図 27……斯波義信『中国都市史』東京大学出版会，85 頁をもとに作成.
図 28……上掲『中国の歴史』下，77 頁.
図 29……伊原弘編『宋銭の世界』勉誠出版，41 頁ならびに『北京大学版　中国の文明 5　世界帝国としての文明　上』潮出版社，223 頁.
図 31 下……Science & Society Picture Library
第 5 章扉上……衣川強『朱熹』白帝社.
図 33……田中重樹／アフロ.
図 35……小島毅『朱子学と陽明学』ちくま学芸文庫，25 頁をもとに作成.

作図：前田茂実(巻頭地図，図 2，図 3，図 5，図 6，図 7，図 12 上，図 15，図 17，図 19，図 20，図 21，図 25，図 27)